序
PREFACE

从洼地到高地，估值进阶之路

在西方神话传说中，有一种虚构的生物——独角兽，它是高贵、高傲和纯洁的代表。由虚转实，2013 年 11 月，"独角兽"出现在了现代商业社会中，并渐渐成为促进人类社会发展的一股强大力量。

成为独角兽公司，是许多初创企业和相关投资机构奋力追求的目标。于是，在资本的"推波助澜"下，独角兽公司已经从最初的寥寥无几发展为现在的遍地开花。世界独角兽俱乐部已然十分壮大。

所谓独角兽公司，指的是估值达到 10 亿美元以上的初创企业。由此可见，当一家初创企业成功迈入独角兽的行列时，往往意味着其估值也实现了从洼地到高地的进阶。

毫无疑问，估值，是每一个企业家、经营者都感兴趣和关心的话题。虽然做大估值并不意味着可以一劳永逸，但是一家有着高估值的企业，往往更容易得到投融资机构的青睐，当然，也更容易从一系列激烈竞争中脱颖而出，鳌头独占。因此，如何踏上从洼地到高地的估值进阶之路，是企业必须思考的问题。

然而，在新一轮科技革命和产业革命的浪潮之中，各种新的运行方式与商业模式打破了过去的竞争法则，估值也不再遵循传统的规则。当企业发展进入成熟期，估值会紧跟着水涨船高，此时风险投资会变得更加谨慎，企业的再一次融资就会变得较为艰难，而融资越难风险投资对回报就会越渴望。在这种恶性循环下，当企业的估值攀升到一定高度的时候，其发展反而会遭到掣肘。

经济寒冬之下，每个行业都面临着增长乏力的问题，此时通过高估值驱动企业成长，成为企业发展的关键。但是，相似的商业模式和运营思路，让企业的发展大同小异，难以在估值上脱颖而出。当资本市场表现不景气，企业的发展便会陷入泥潭，在估值上更是一落千丈。因此，从独角兽到估值大幅缩水，曾被寄予厚望的明星企业很有可能在一夜之间跌落神坛。

2019年10月20日，在第六届世界互联网大会开幕式致辞中，阿里巴巴首席执行官张勇表示："传统竞争是此消彼长、非此即彼的零和博弈，数字化时代的竞争正在向正和博弈、共赢发展、增量发展的大趋势上演进。"那么，在这一新的商业特征下，如何从估值洼地走向估值高地，实现三年估值十亿的商业奇迹，就显得无比重要。

企业的成功离不开其在估值上的稳健，估值表现预示着企业的未来。因此，对企业来说，不管是产品设计还是盈利模式，"内功"始终是根本。估值要追求长远的稳步增长，不能为了眼前暂时的高估值而忽视企业内在的塑造。正是由于"内功"不稳，这才导致很多企业陷入了一上市便破发的窘境。

估值是企业的生命力，而估值的提高则离不开企业对消费、产品、用户、领导者、现金流、品牌、股权设计、盈利、无形资产、社会价值十个方面的塑造。为此，本书将通过对十个方面的分析来帮助各大企业透彻地理解估值，并有效提高企业的估值。

高估值企业应当懂得重视未来，并且科学地规划未来，树立可持续、长远发展的观念。为了塑造高估值，企业必须顺势而为，创新商业模式，创造企业三年估值十亿的商业奇迹。

资本估值

三年估值十亿

ONE BILLION

THREE-YEAR VALUATION

解码**估值**背后的商业模式

引爆新时代下**企业新发展**

叶荣祖　马俊超　盛珈瑞 ◎ 著

中华工商联合出版社

图书在版编目（ＣＩＰ）数据

资本估值/叶荣祖，马俊超，盛珈瑞著.--北京：
中华工商联合出版社，2020.8
ISBN 978-7-5158-2768-1

Ⅰ.①资… Ⅱ.①叶… ②马 ③盛… Ⅲ.①企业—
估价—研究 Ⅳ.① F273.4

中国版本图书馆 CIP 数据核字 (2020) 第 126851 号

资本估值

作　　者：叶荣祖　马俊超　盛珈瑞
出 品 人：李　梁
责任编辑：于建廷　臧赞杰
责任审读：傅德华
责任印制：迈致红
出版发行：中华工商联合出版社有限责任公司
印　　刷：北京毅峰迅捷印刷有限公司
版　　次：2020 年 9 月第 1 版
印　　次：2020 年 9 月第 1 次印刷
开　　本：710mm×1000mm　1/16
字　　数：220 千字
印　　张：13.5
书　　号：ISBN 978-7-5158-2768-1
定　　价：58.00 元

服务热线：010-58301130-0（前台）
销售热线：010-58301132（发行部）
　　　　　010-58302977（网络部）
　　　　　010-58302837（馆配部、新媒体部）
　　　　　010-58302813（团购部）
地址邮编：北京市西城区西环广场 A 座
　　　　　19-20 层，100044
http://www.chgslcbs.cn
投稿热线：010-58302907（总编室）
投稿邮箱：1621239583@qq.com

目录
C O N T E N T S

第一章

秩序与逻辑，崩塌与重建

时代浪潮之下，旧的商业秩序与逻辑正在走向崩塌，而新的商业秩序与逻辑正在有序重建。重新梳理商业系统，把握发展时机，从变化中寻得估值最大化的商业模式，这是企业发展始终不变的命题。

资本寒冬亦是转折之机，在迷失与探索中，企业要及时调整步伐，以有序的节奏稳扎稳打，在严酷的竞争中发展壮大，如此才能顺应时代发展的方向，成为估值中的最终赢家。

第一节　风口之上，市场激活、膨胀、骤冷

　　1989 年，中国企业的名字第一次出现在世界 500 强榜单之上，但是只有中国银行一家。30 年后的 2019 年，世界 500 强企业名单已经彻底洗牌，上榜的中国企业高达 129 家，超过美国的 121 家。

　　经济发展非一日之功，中国企业能取得如此成绩，背后离不开的是数次迭代，这才实现了估值的飞跃。风口之下，一个又一个时代浪潮涌来，更迭之中，谁能"中流击水，浪遏飞舟"，谁便能于变迁中始终保持企业的发展活力与估值潜力。

⊙ 不确定时代的拐点

　　风口指的是那些拥有巨大盈利潜力的市场，进入风口的企业往往可以获得高速发展的机会。风口代表着社会发展潮流，于风口之中借势而为，企业的规模与利润在短时间内便可得以数倍增长，从而得到资本的青睐，并在估值上迅速攀升。

　　这是一个不确定时代，风口也并不意味着万无一失。这是因为，风口

是有时间限制的，有的企业只是把握住了风口期的机会，借着风口做大了规模，但是在产品质量、财务、经营等方面却是一本烂账。对这些企业来说，起风时可以迅速发展，但是风停后却会摔得粉身碎骨。

十年前，在团购市场风口下，美团、窝窝团、拉手、糯米网等团购网站相继上线，各路资本更是蜂拥而至，团购企业估值一路水涨船高。在巨大利润的吸引下，团购市场被激活并迅速膨胀，短时间内便发展到5000多家企业。然而，仅仅3年的时间，大部分的团购网站便声销迹灭，侥幸活下来的只有10%左右，其中多数也只是在苟延残喘。

团购网站的速生速灭只是商业风口的一个缩影，身处风口的企业犹如坐过山车，大起大落让人唏嘘不已。然而，仅仅几年后，同样的场景在无人零售领域再一次上演。2016年，裹挟着"新零售""无人经济"等新概念而来的无人便利店得到了资本的追捧，吸引了数十亿美元的融资，开始了爆发式增长。仅仅两年的时间，无人便利店便由盛转衰，资本退出、企业退场，最终落得一地鸡毛。

当风口到来，无数的企业便会一拥而上，展开无序的激烈竞争。身处风口的企业趁势而为可以在短时间内获得迅速发展，这让资本蠢蠢欲动并投入大量的资金。在风口的赛道上，资本的加持让企业进入高速发展期，市场迅速膨胀。为了抢占更多的市场，企业不计成本般地"跑马圈地"，但是烧钱不等同于变现，盲目扩张往往会将企业带入死局。

当资本宣判了风口的"死刑"，融资便会变得越来越难，膨胀市场遭遇骤冷，大部分的企业将彻底变凉。从2018年开始，犹如多米诺骨牌倾倒一般，曾经大热的无人零售企业纷纷走上裁员、关店、倒闭之路。

打铁还需自身硬，市场最终是要靠实力说话。而且，风口市场的竞争从来都是异常激烈的，任何意料外的状况都可能会让追逐风口的企业走上末路。面对市场的不确定性，企业一方面要从风口中寻找市场机会，另一方面则要用心把企业做强、做大，如此才能在不确定中迎来发展的时机。

⊙ 市场的下一个机会

商场角逐虽然没有硝烟，但局势却是瞬息万变。O2O、B2B、内容付费、网红、直播、企业级、VR、人工智能、共享单车等"风口"轮番上场，资本投资的热点更迭之快更是让人目不暇接。在这个过程中，谁能抓住发展趋势与风口，并在新的环境下建立起新的商业模式，谁便能获得成功。

无论是过去 60 多家企业吸引了 300 多亿元的共享单车风口，还是如今 3 个月获得 20 亿元的社区拼团新风口，一时的火爆并不意味着稳操胜算，毕竟共享单车的败局依旧历历在目，无人零售的速生速灭不容忽视。风口有着时间限制，风口期一过，那些"悬浮"空中的企业将摔得"头破血流"。

风口从来都不是一成不变的，在风口轮番轰炸中，市场的下一个机会在哪里？时势造英雄，那么谁能寻找到商业发展的风向，创造新时代的奇迹？

这是一个英雄不问出处的草莽时代，风口造就了一大批独角兽企业和新兴业态，如于"互联网 + 出行"风口中横空出世的"滴滴出行"改变了人们的出行方式。但是，风口中的企业的结局却不尽相同。无数个企业前仆后继地涌向风口，但是它们只是盲目的跟风者，商业的未来不会属于这群人。

风口初期往往会表现出巨大的市场潜力，这吸引着企业入局，但是关于具体的运营问题、产品验证等并没有彻底解决，这导致产品还没有成熟便匆匆投向市场，也就是人们常说的"烧钱"。

另外，估值并没有一个统一的标准，处于风口中的项目的估值往往过于夸张，一旦市场恢复冷静后虚高的估值便会一落千丈，但是跟风的企业往往被虚高的估值迷住了双眼，一味地冲入风口之中，最后只是成为"造风者"的"韭菜"。

追逐风口的企业为了抢夺市场会不计成本地"烧钱"，通过大量的补贴来吸引用户，而不是在产品或用户体验等运营上深耕服务，这扰乱了正常的市场规律，对行业产生了破坏性影响。而风停之后融资便难以为继，缺钱的企业必然停止补贴，这些企业的缺点便赤裸裸地暴露在用户眼前，再难取得用户认可。

风口可能会给企业带来一时的高光时刻，但是难以一直给企业带来高估值，企业的未来不在风口上，而在实实在在的高估值上。从消费到产品，从用户到领导者，从现金流到品牌，从股权设计到赚钱能力，从无形资产到社会价值，这十个指标是企业的价值所在，是支撑企业高估值的根本。

身处风口的企业享受着人们的赞美之词和资本市场的巨额财富，表面看似光鲜亮丽，但背后却暗藏杀机。当人们不再追捧，当资本变得冷静，风口上的泡沫便露出破绽，直至幻灭。因此，市场的机会永远不属于跟风者，而是属于那些有着核心价值支撑估值的企业。

第二节　商海弄潮，霸主崛起、迭代、沉浮

广袤无垠的欧亚大陆，关于文明与文明之间的冲突永不停歇。在硝烟弥漫的残酷战场上，战神的权杖不断流转，从亚历山大、凯撒大帝，到成吉思汗、拿破仑，他们铸就了军事的不朽神话。

当地中海文明突破传统鸿蒙，当商品交易的自由气息破土而出，一种不可抑制的探索冲动指引着人们开启全球化时代的第一缕曙光。于是，在风云激荡的无边大海之上，西班牙与葡萄牙、荷兰、英国都曾成为海上霸主，书写了国际市场上最早的欧洲辉煌历史。

当全球市场融为一体，在资本和科技强有力的加持下，竞争与颠覆已经成为市场常态。在云谲波诡的茫茫商海之中，点石成金的商人、野心勃勃的创业者、撬动亿万市场的企业家，他们是一艘艘巨轮的掌舵手。一个又一个霸主的崛起、迭代、沉浮，构成了一部跌宕起伏的商业往事录。

⊙ 潮起又潮落的中国企业

1988 年，北京市新技术产业开发试验区获批，"中关村"由此开启了

长达四十年的伟大征程。中关村的发展轨迹，也无意间构成了中国企业发展和迭代的一个典型缩影。

彼时的中国，处处都是喷涌的创业热潮，市场活力也达到了前所未有的高度。在这样的时代环境下，无论是街头早点店的小老板，还是西装笔挺的留学精英，都由里到外透着一股子精神气儿，他们的脸上无不展露着对美好市场前景的期望。中关村，就是在这样的社会环境中成立的。

这块数平方千米的地方，用科技的星星之火，点燃了中国的互联网产业，裹挟着资本和市场带动无数互联网先驱企业滚滚向前。在后来的四十年中，被喻为"中国的硅谷"的中关村左手科技、右手市场，在不断地发展和进化中见证了中国头部企业的崛起、迭代和沉浮。

在中关村，有"中国第一程序员"之称的求伯君在病床上做出了WPS，一时间席卷中国文字软件市场；留美博士张朝阳以中关村为据点，用搜狐打下中国的互联网市场；在新世纪的第一天，李彦宏在中关村的宾馆挂上了"百度"的牌子。

除了他们，还有许多赫赫有名的互联网创业者在这里留下了奋斗足迹，他们的创业想法、知识阅历和市场战略，同磅礴的资本一起，注入一个又一个企业的使命和愿景中，汇成一个蕴含无限可能性的中关村创业大街。

现如今，除了扎堆的创业团队，还有形形色色的创业孵化机构，更有几百家风投机构聚集在此，等待下一个阿里巴巴和腾讯。很难想象，在这样一块面积不大的地方汇聚了中国最具活力的创业筑梦者。无论是过往缔造的商业神话，还是正在上演的商业路演，中关村始终代表着中国企业最鲜活的生命力。

一路走来，中关村逐渐从一个地理概念上升至一种符号、一种创业精神，成为中国企业创业创新的风向标和温度计，也成为中国创投市场的见证者。

在中关村，危机与机遇如并蒂之花。资本寒冬不时出现，孵化机构的"咖啡"热了又凉，而资本市场竞相追逐的风口从大数据、O2O、移动互联网，变成了 AI、VR、无人驾驶，如今深入教育领域等新的热点。风口稍纵即逝，巨头的迭代和商业的进化速度也变得越来越快。

十年前人们还惊叹于诺基亚和摩托罗拉推出的新功能，十年后智能手机的全球格局早已变幻多次。不过区区数年，以往人们耳熟能详的一些企业都逐渐消失在了大众的视野里，崛起的企业带着全新的商业模式，以挑战者的姿态对资本市场上的商业巨头吹响了进攻的号角。

如今的中国市场兼具机遇与风险，不断攀高的创业公司上市数量、蓬勃增长的投资数量，无法掩盖市场整体增长放缓的事实。但是对于中国企业来说，传承中关村的创业激情，破开体量庞大的市场，构建属于自己的产业版图，它们的征途还远未结束。

⊙ 出发，涌向下一个商业浪潮

在这个纷繁复杂的互联网时代，虽然企业的经营形态各不相同，但都注定要呈现出类似的发展轨迹。那就是在前期一路昂扬向上，在鲜花和掌声中攀登至顶峰，最后在或明或暗的颓势下一路向下，直至死亡。

市场已经见证了无数行业霸主的崛起和衰落，在不断的迭代中重复勾勒着企业的生命曲线。在这个全民创业的时代，有多少企业难以为继被迫退场，就有多少企业迫不及待想要进场，雄心勃勃地向市场大声宣告自己的诞生。

可见，资本市场上永远不缺乏竞争者。在瞬息万变的互联网市场中，一个新的风口的产生和消退就像盛夏的一场暴雨，来势汹汹却又短暂无比。谁能在风口产生之初率先入局抢占先机，谁又在风口消弭之际却不惜成本大肆扩张，两者之间的结局自然天差地别。

"千团大战"的余音未消，共享单车带来的阵痛尚在，新的争夺却已经悄然展开。拼多多赴美上市，趣头条登陆纳斯达克，快手短视频狂揽上亿用户之后，下沉市场成功地站到了资本市场的中央。一时间，将产业从核心城市布局到更广阔的下沉市场去，成为新老互联网企业不约而同的选择。

前期探索者的丰厚回报吸引了更多竞争者，下沉市场这座蒙尘的金矿瞬间被资本的狂风席卷，在这场围绕下沉市场的战争中，有赚得盆满钵满的赢家，亦有铩羽而归的输家。谁能在复杂的下沉市场中掌握市场特征，用最佳的商业模式维持自身的高估值是胜负的关键。

没有绝对安全的商业模式，在频繁创造奇迹的互联网行业中更是如此。科技创新并不是推动巨头迭代的唯一力量，商业模式、组织管理方式的革新同样具备颠覆一个企业的力量。没有一劳永逸的生意，自然也没有一成不变的商业模式和管理方式，那些不愿意自我革新的企业最终的结局将是被市场淘汰。

在中国互联网高速发展的短短十几年间，已经经历了几轮由互联网科技发展带来的商业版图更替。作为在风口变迁中沉浮的个体，企业更应当掌握时代发展的趋势，在确定性与不确定性中衡量风险与收益，在未来的无边界竞争中提前洞察市场的走向，然后整装出发，奔向下一个商业浪潮。

第三节　时代漩涡，估值陷阱、挑战、机遇

市场，向来是张善变的脸。眼下的处境可能顺风顺水，可谁又敢断言十年之后一切照旧呢？岁月推动着时代的车轮不停向前，那些曾经为企业带来诸多利益的优势，或许已经成为当下继续行走的桎梏，曾经的机遇成为陷阱，市场的下一个机会又在哪里？

面对新时代的到来，谁也不能保证市值稳步提升，更难以确定估值是否会被半路腰斩。但即使前路艰险重重，企业也必须保证估值的稳定和提升，虽然时常会不如人意，有时会适得其反，但必须要适应。那些落后于市场的企业将被时代重重抛下，甚至碾碎于车轮之下。

⊙ 在时代漩涡中寻觅未来

时代就像是一个超级漩涡，不管是人还是企业，它们的处境别无二致。正所谓当局者迷，身处其中无法看清发展趋势，也无法判断未来走向，人与企业便会被漩涡吞没。

在中国企业漫长的发展史中，企业已经几度经历从巅峰跌回地底的轮

回，市场中上演了一出又一出的兴衰大戏，有的企业越变越强，有的企业则越战越弱，而导致两者产生差距的原因便是估值。可以说，企业估值为中国经济史缔造了无数个商业神话，也为企业的发展史添上了浓墨重彩的一笔。

在无数个商业神话之中，有一类企业往往能得到更多的青睐，它横空出世，在平静的市场扔下一枚"重磅炸弹"，这种企业有一个专属名称——独角兽企业。作为在成立短时间内估值便能高达 10 亿美元的企业，独角兽企业有着顽强的生命力和创新力。它们将商业"蓝海"发挥到极致，引领着新行业的快速发展，并带动着市场的走向。

新时代下，中国经济蓬勃发展，企业估值更是水涨船高。相关数据显示，全球每 5 家独角兽企业中，有 2 家出生于中国；全球十大独角兽企业中，有一半都来自中国，它们在各自的行业中改写未来。

车好多的出现开创了汽车交通行业线上线下高度融合的新零售保卖服务，联影医疗的出现带来了医疗健康行业的高端医疗影像和放疗全线产品，喜马拉雅 FM 的出现开辟了文娱媒体行业的"耳朵经济"。这些独角兽企业的估值在行业中遥遥领先，成为同行中的佼佼者。

时代的发展，环境的骤变，思维的逆转，这是谁都无法阻止的更迭。企业能够做的便是认清趋势，顺势而变。如火如荼的企业变革让不少传统企业深感恐慌，各种纷繁芜杂的理论更是让诸多企业如坠云雾，茫然无措。在这迷雾之中，企业想要突破困境，成为独角兽企业，就要去寻找提升估值的关键，这关系着企业的生死存亡。

⊙ 估值中的企业未来

估值的缓慢增长，俨然不再适应当下这个高速发展的时代。那些在风浪中始终傲然挺立的企业，无疑都踏准了利润的步伐，瞄准了估值的焦点，利润与估值的强强联合，为企业发展做出重要贡献，实现了企业估值的平稳发展。

一般来说，企业的估值越高，其发展形态越好，内部发展越顺畅，外部竞争越有利，行业前景越乐观；而企业的估值较低，其发展状况则不容乐观，存活下来的概率较低。

估值是企业发展过程中的关键底牌，而这张底牌能否帮助企业由衰转盛，取决于估值的高低。估值越高，外界对企业的整体评价和合作热情就会越高，反之亦然。

估值帮助企业实现价值最大化。一方面，估值可以帮助管理者更加全面地了解企业发展现状，客观分析企业的优势与劣势，帮助管理者及时对经营决策进行调整与改进。另一方面，企业的无形资产往往会为企业带来产品之外的超额利润，这些无形资产的价值亦是企业估值的重要内容。

此外，估值可以帮助企业增强内部凝聚力。若将企业估值拟人化，那么它便是在向外界传达本人的健康状态和发展趋势，同时也是在向企业内部员工传达企业的发展现状，培养员工对企业的忠诚度，最终达到凝聚人心的目的。

但众多企业在面对估值的时候，往往会踏入两大陷阱。一是认为估值是始终不变的。在市场中，未可知的竞争、商业环境的变化、产品的迭代更新都在影响着估值，所以企业估值绝非一成不变。二是认为估值来自财务报表。不可否认，财务报表是企业估值的基础，但它绝不是唯一因素。经济形势、行业竞争、组织结构、团队管理和产品周期等因素都对估值产生着一定影响。如果企业在进行估值时将这些因素忽略，那么所得出的估值绝不是一个客观的结果。这些陷阱有时会让企业在进行估值时产生倾向性偏差，所以企业要以正确的途径去衡量估值，然后再用正确的方法努力做大估值。

在时代漩涡中，企业或许会进入停滞期，面临着不可知的挑战。但是，企业不能迟钝，更不能盲从，要学会顺应趋势，抓住机遇，找到可行之策，从而助力企业发展，实现估值的提升。

第四节　创新模式，从零到亿、裂变、进阶

从一家初创企业到成为闪耀的独角兽新星，从资本的"冷眼相待"到资本的"追逐热捧"，从零开始到估值过亿、百亿，甚至千亿，在这令人眼花缭乱的商业运作背后，隐藏着的秘密不是其他，而是最朴素、最基本的商业逻辑——商业模式。

曾经，中国企业的商业模式以模仿"著称"；在经历了模式拼接、模式嫁接等学习过程之后，中国企业走向了商业模式创新之路；现在，中国企业的商业模式已经成为被模仿的对象。随着"三新"经济①的悄然崛起，中国企业凭借着极具创新性的商业模式在市场中擎旗领跑，不断提升估值，创造出了越来越大的经济价值和社会价值。

⊙ 估值裂变，模式致胜

这是一个资本涌动的时代。在资本的"魔力"下，商场后起之秀能够

---

① "三新"经济，即新产业、新业态、新商业模式的简称。

奋起直追，估值一路飙升；行业巨头也会在一夜之间估值暴跌，走向衰落，甚至湮灭消失。市场向来都是风云变幻，意外迭出不穷。但是，市场纵有万变，终究不离其宗。

2019 年 10 月 11 日，北京墨迹风云科技股份有限公司（以下简称"墨迹科技"）首发申请上会被否。墨迹科技旗下产品墨迹天气 App 自上线至今，已经拥有超过五亿的累计装机量，不仅稳居各大 App 排行榜第一阵营，而且持续占据着天气类软件第一的位置。那么，行业领先地位明显的墨迹科技此次上市被拒的原因是什么？

在招股书中，墨迹科技直言，互联网行业典型的"免费 + 广告"模式就是其经营模式。然而，墨迹天气的这种商业模式存在一个很大的问题，那就是流量变现难，进而导致其在盈利道路上的前行较为缓慢。业务单一、高度依赖广告收入的商业模式是掣肘墨迹科技上市之路的重要原因之一。

相反，成立于 2012 年的深兰科技（上海）有限公司（以下简称"深兰科技"）目前估值已经超过百亿元，是科创板上市企业呼声最高的企业之一。深兰科技高估值的背后离不开独特商业模式的强有力支持。

2019 年 5 月 27 日，深兰科技荣获"2019 中国商业模式科技创新奖"。深兰科技创始人兼 CEO 陈海波表示，深兰科技的商业模式可以用"做强两端，打通链路"来总结概括。所谓两端，一端指技术，另一端指市场。所谓链路就是"成熟一个需求，实现一个产品线，打通硬件壁垒，整合产业资源，交付软硬件的系统，来形成差异化的优势"。

窥一斑而知全豹。不可否认，市场变化的背后离不开商业模式的推动，现代商业竞争就是商业模式的竞争。没有商业模式，或是没有好的商业模式，企业的发展将是步履维艰，很难取得突破，无法实现高估值的蜕变，遑论上市。

一些浮躁的企业对商业模式的认知往往存在着偏差，认为商业模式就是赚钱的方法，是市场竞争的高招。这种认知显然过于功利，有失偏颇。事实上，无论是赚钱的方法还是竞争的高招，都只是商业模式的一种体现。它们不是商业模式的全部，更不是商业模式的精髓。那么，什么是商业模式？

关于商业模式的定义五花八门，不一而足，有几十种之多。简而言之，所谓商业模式，即企业创造价值的内在逻辑及其整体解决方案的基因结构。它是企业为客户创造价值的一种差异化样本。商业模式是一个复杂的系统，企业通过商业模式来满足用户的需求。

商业模式有七大基因，即客户、产品、运营、渠道、经营者、管理机制、竞争壁垒。虽然七大基因必须全部具备，但是具体到某一种商业模式中，每一个基因所处的地位是不同的，其中占据主导地位的基因往往会成为一种商业模式的代名词。

商业模式的定义虽多，但是本质却只有一个，即企业资源与能力的配置模式。基因结构不同的商业模式，其资源与能力配置结构也不同，不同类型的商业模式就此形成。如果企业无法认识到商业模式的这一本质，就无法真正设计并创新适合自身发展的商业模式，商业模式的作用也就无法得到发挥。

医学上的基因具有双重属性——物质性（存在方式）、信息性（根本属性），同样地，商业模式的基因也有这两种属性。在企业的生存、发展、扩张、转型等一系列重要过程中，商业模式通过基因的创新突变，改变自身的成长特性，适应不断变化的外部环境，从而促使企业不断向前发展，实现估值的裂变。

⊙ 创新设计，不断引领

对企业而言，一个好的商业模式胜过 N 个好的营销策略。但是，商业模式不是一成不变的，一个好的商业模式不会永久适用。商业模式会过时，也会陷入困境，但困境并不意味着失败。有时候，困境的出现是为了提醒企业，要及时地转换思维，积极求变，这样才能在低谷中寻找到新的市场突破点。

塞翁失马，焉知非福。只要有足够的想象力去构思，有足够的勇气去突破，困境也可以转化为顺境。处于困局中的商业模式，是转危为安，抑或一败涂地，关键就在于企业能否转变思维，不断革新，不断优化，给模式注入新的生机与活力，让其再次复苏。

商业模式具有明显的"排他性"，这要求企业必须通过创新来设计出最适合企业自身发展的商业模式。可以说，创新是商业模式的灵魂，也是商业模式价值最重要的来源。当下，中国正在成为商业模式创新的重要策源地之一，越来越多来自中国的原发创新产品和商业模式正在领导全球企业。

将日历表翻至20年前，在以李彦宏、张朝阳为代表的海归派的带领下，第一波互联网浪潮逐渐掀起。他们引入了海外最新的互联网商业模式，继而创造了"中国版谷歌"（百度）与"中国版雅虎"（搜狐）。

如果说最初的中国互联网企业是在借鉴美国模式的情形下逐渐成长起来的，那么，随后出现的社交软件微信、社交网络平台微博和社交化问答社区知乎等则意味着中国企业在借鉴美国模式的基础上实现了反超。在这之后，无论是今日头条、摩拜单车还是支付宝，它们都已经成为中国本土商业模式创新的代表企业，并走向了全世界。

许多事实证明，中国商业模式已经突围海外。以微信为代表的即时通信软件成为日本商户提升服务能力的利器；分期付款、无理由退款等中国电商解决方案在海外实现落地；以微信支付和支付宝为代表的移动支付，正在引领全球支付体系从现金时代迈进无现金时代……

　　得益于人才、技术和供应链优势，中国企业正在不断创新形成自己独有的商业模式，并逐步扩大其影响。在优秀商业模式的助力下，中国企业不断提升自身价值，做大估值，并成为市场发展的引领者。

　　历史经验一再证明，一旦商业模式止步不前，那么这个企业乃至整个行业都会遭到残酷的淘汰。改变思路，企业才能发现新事物，才能赶上新潮流，才能在估值的路上劈波斩浪，一路前行，实现从零到亿的估值进阶。但是，商业模式创新之路永无止境。"路漫漫其修远兮"，中国企业仍旧需要"上下而求索"。

第二章

一个亿——消费革命的"四则运算"

在时代的迭代下，人们的消费观念也发生了翻天覆地的变化，不管是消费内容与方式，还是消费过程与支出，需求的方方面面都在升级，一个更加繁荣的消费时代正在走来。迭代之下，消费革命已然来临，这对企业提出了一些新的要求。

估值上亿，企业必然在顾客消费上有着独到的理解与相应策略。一言以蔽之，消费革命有着自身的"运算法则"，掌握了"加""减""乘""除"的企业在估值上必然一路领先。

第一节　加法：科技创新的厚度

人工智能、5G、云计算、大数据……这是一个万物互联的时代，也是一个技术井喷的时代。技术给了消费者更好的体验和更高的追求，同时，不断升级的消费需求也给市场带来了更多的想象与创新空间。如何在不断革新的消费需求与理念之间，以及不断拓宽的消费空间中占领一席之地，成为影响企业估值的一大因素。

企业面向市场，根据消费者观念和需求的转变及时调整方向无可厚非，但是一味地被消费者牵着鼻子走，企业必然永远慢半拍，难以成为市场上的领先者。先发制人，高估值企业必然是早于市场"半步"的，以创新丰富产品品类，并在消费过程中起到引导作用。

⊙ 消费革命，风口的推动者

随着"90后"逐步进入社会，消费主体在结构上发生了根本性的变化；在中国经济的飞速发展下，消费体量呈现出快速增长之势；移动支付、物流体系进一步完善，使得消费场景的变迁速度也正迅速提升。消费主体、消费体量、消费场景的变化带来了消费革命，而商业机会潜藏其中，谁将会是市场的下一个领军者？

今天，中国有着消费升级最好的土壤。麦肯锡咨询公司曾指出，预计2022年中国中产阶层的人数将占到总人数的76%。中产阶层人数的大幅增加，人均收入的有效增长，将带动各个行业消费升级。另外，随着电商的繁荣，过去被忽略的三四线城市消费者的作用将显现出来，并迸发出更大的消费潜力。

在消费升级下，市场已经发生了翻天覆地的变化。过去的消费观念讲究经济实惠，价格低者往往能够取胜，而今天价格已不是万能，消费者关注更多的是品质；过去的消费者追求持久耐用，谁的产品结实耐用便能得到市场的认可，而今天的消费者已经放弃了经济耐用的诺基亚、摩托罗拉、爱立信，市场上存活的是不仅质量合格而且功能强大的华为、iPhone、三星；过去的消费者追求实用，功能多样的更有市场，而今天谁能给消费者更好的体验，让人印象深刻的才是最后的胜者。

十年前，在消费领域人们有很多梦想，如今，在科技创新的加持下，梦想已成现实。冬天的衣物首要是保暖，但是穿在身上能不能不那么臃肿呢？食物在种类上越来越丰富了，口感也越来越好了，但是能不能更加绿色健康呢？交通工具越来越多，性价比也越来越高，但是能不能更加便捷舒适呢？

消费者的需求越来越精细，市场机遇也越来越多。这是一个遍地机会的时代，取胜的关键是以创新做"加法"，谁能快人一步谁便能掌握市场主动权。在厨电领域，转型变革关键期引领风口的典型代表是宁波方太厨具有限公司（以下简称"方太"）。

1996年到2019年，从传统厨房的排风扇到油烟分离的中式油烟机，从油烟机、燃气灶、消毒柜"三件套"到嵌入式成套化厨电，从"吃得饱、吃得好"到"吃得健康、吃得安心",方太只用了23年的时间,便从0做到了百亿营收,成为厨电行业的龙头企业,更是屡次夺得中国品牌价值500强厨电行业第一的宝座。

取得今天的成绩,方太的底气是以科技创新的厚度不断引领消费升级,以科技创新不断做"加法",始终走在消费者的前面。不管市场是低迷,还是火热,方太始终坚持研发创新。正如方太创始人茅忠群所言:"只有创新才有出路,才是企业发展的第一动力。"

创新是方太占领风口的关键,创新让方太收获众多消费者的青睐;创新是方太的立身之本,创新让方太不断推出新品;创新是方太喊出千亿营收的底气,创新让方太实现从零到亿的市值飞跃。

⊙ 估值革命,硬核的创新链

风口一波又一波,谁走上了快车道,谁被摔得惨不忍睹?万事快上"半步",走在消费者之前,提前占领风口的企业总是风光无限,并在风停之前便赶往下一个"风口"。对这些企业来说,风口绝不是投机,而是机会,是发展前景,是消费市场。

过去,厨房油烟是通过排风扇进行直排,效果十分不好,但对收入水平不高的消费者来说,花钱解决油烟问题是不经济的。随着我国人均收入水平的不断提高,人们越来越关注厨房油烟问题,甚至开始购买西方国家生产的油烟机以期解决这一问题。但由于生活方式的差异,西式油烟机并不适合中国家庭的厨房。

在消费革命的风口面前,方太抢先市场"半步",先是以原创发明的中式油烟机率先开启了中国厨房现代化之路。之后,方太更是加快科技创新,不断升级,实现了从"吸得快、吸得净"到"吸得静"的迈进,不断满足消费者新的需求。

时代在更迭，需求在升级，随着油烟机、燃气灶、烤箱等厨电用品不断走进千家万户，厨房变得越来越"拥挤"，本就狭窄的空间变得越来越逼仄。在这种情况下，消费者只能选择去掉部分厨电用品。但是，这种"减法"并非消费者本意。

在消费者的需求面前，方太用创新做"加法"，再一次走在前头，不仅打通了厨电与厨橱之间的边界，更是开启了新一轮的厨电创新的浪潮。方太将嵌入式成套化厨电的应用推向了新的高度，及时解决了消费者的当务之急。

随着 90 后进入厨房，新的需求开始出现。这批生活在富裕年代的年轻人，小时候很少干家务，对洗碗有着极大的抗拒。然而，传统洗碗机需要在橱柜设计时便预留出安装位置，并需要进行水电改造，更适合大户型的房子和新装修的房子。另外，传统洗碗机洗涤容量大，比较适合有四五个孩子的西方家庭，不太符合中国家庭的情况。因此，中国消费者往往对传统洗碗机望而却步。

针对中国人一餐一洗的饮食习惯，方太将水槽、洗碗机、果蔬净化器"相加"，投入巨资研发水槽洗碗机，一经推出便引爆了洗碗机市场，得到了消费者的青睐。

不管是中式厨房抽烟机还是一体化厨电，或是水槽洗碗机，面对困难，方太没有选择放弃，而是用"加法"去创新，这让方太始终走在市场之前，及时满足消费者最新的需求。同时，为保证创新的力度与实效，方太每年都要拿出营业收入的 5% 投入到研发，并始终坚持消费者导向，确保每一项新技术的"加法"于消费者而言都是有价值的。

"加法"让方太的营收不断增长，更是让其估值不断提升。其实，对其他行业来说亦是如此，消费升级是必然，提前研发做好准备的企业才能胸有成竹。而要想让研发成果得到市场认可，以下两方面是企业所不容忽视的。

一方面，研发的方向与内容要结合消费需求发展趋势，早于需求出现"半步"。研发需要时间周期，若是等需求大量出现再着手准备，等于将市场直接让给竞争对手。消费者大量需求的节点必然会来临，只是早晚问题，而加大创新的厚度是企业提升估值的最强砝码。

另一方面，研发资金要充足并稳定。并不是每一次创新都可以成功，可能几十项创新最后只有一项得到了市场的认可，取得了实效。创新是一项生死战，企业唯有前进才能生存并发展下去。

对企业来说，创新是价值硬核，是估值的重要指标。消费时代，需求走向难以预测，唯有坚持创新，以"加法"先发制人方为上策。

第二节　减法：大道至简的思维

在"加法"之下，市场不断衍生新的消费空间，同时，旧的消费内容正在逐渐退出历史舞台。例如，在出行方面，汽车的消费变得越来越频繁，与此同时摩托车的消费需求呈减少趋势。针对需求内容的改变，企业不仅要做"加法"，更要贯通"减法"之道，砍掉不必要的环节，抓住消费的主要方面。

⊙ 舍九取一的简洁哲学

在消费革命之下，一方面新的消费需求不断出现，另一方面原有的需求量也会呈现波动状态。有时候过多的产品线只会加重企业的负担，适当删减不必要的产品线能够让企业走得更长远。向后退一步往往能够看清前方的道路，放弃眼前的"一"，之后得到的将是"二"，甚至"三"。为此，企业需要把握消费趋势，做好预判，及时退出需求锐减的领域。

这是一个信息化时代，随着各项技术的不断成熟，用简单方法解决复杂问题也不再是天方夜谭。商业是复杂的，但往往越是复杂的事情越可以用简单方法去处理。将资源集中到主业上，把握消费趋势才是出路。

从另一种角度来说，多产品意味着巨大精力的投入，但投入与收益并不总是成正比的，多方面的投入到最后不一定能取得理想的成效。与其在各种产品线上焦头烂额，倒不如只抓核心产品，以精品立足市场。专注带来的是专业，如此做"减法"便是工匠精神，在消费市场将占据主动权。

专注于某一种产品，短期内的收益可能不甚明显，但却是企业发展的长久之道。在市场繁荣的时候，多种产品能够让企业获得更多的关注，取得明显的成绩。但当市场处于低迷期，多种产品反而会给企业造成巨大的负担，而专注于某一种产品更容易让企业凭借过硬的质量脱颖而出，摆脱困局。

2019年9月10日，在苹果公司的秋季发布会上，iPhone11系列成功发布。次日，在新产品的刺激下，苹果公司股价大幅上涨，市值再一次突破1万亿美元大关。iPhone是苹果公司目前的主要产品，是其利润的主要来源。这一现状，是苹果公司经历多次变更后的结果。从个人电脑到音乐硬件，再到移动电话，苹果公司的主产品线经历了三次变更，如图2-1所示。

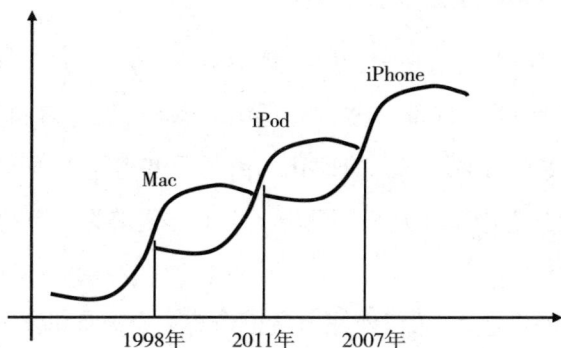

图2-1 苹果公司主产品线更替示意图

苹果公司主产品的每一次变更都踩准了消费者需求的节拍，进一步做大了市场。将 iPhone 设定为主产品时，苹果公司便朝着这个方向投入绝大部分精力，因此，这几年苹果公司在个人电脑和音乐硬件方面的产品更新很少有惊艳世人的产品，但是其估值却在不断增长。这是因为，iPhone 给苹果公司带来的利润增长已经远远弥补了其他业务方面的不足。

很多公司做大以后，为降低经营上的风险，便开始并购上下游企业，想要凭一己之力形成一个产业链。但是，这样反而加大了风险，任何一个环节出现危机都可能导致全盘皆输。专注于主业，将非核心业务交给更专业的公司来做反而是最恰当的选择。

这是一个合作化的时代，企业要善于利用其他企业的优势，让自身的主业更加突出。三星公司和康宁公司的屏幕更优秀，索尼的摄影技术更优异，富士康的组装更标准……那么何不把这些不涉及核心技术的业务外包出去，留出更多的人力、物力、财力去加强主业的研发，强化自身优势呢？

大道至简，商业经营更是如此。企业要把握经营的核心，突出优势，而不是盲目扩大，暴露自身的短板。

⊙ 化繁为简的商业智慧

计算机刚刚被发明出来的时候俨然是一个庞然大物，占地 150 平方米，重量有 30 吨，经过人们的一次次"简化"，今天的计算机已经小到可随身携带了。在技术的加持下，简便化、简单化变得越来越容易。计算机的"化繁为简"让其走进千家万户，而商业上的"化繁为简"则让企业经营更加得心应手。

那么，如何"化繁为简"？在此我们给出三个方面的"减法"，在经营上给企业一些启发。

一是"减产品"，意思是说企业要抓住消费者的某一单项需求，并把它做到极致。

"产品太多卖不出去"这是很多传统企业面临的痛点，问题出现的原因就在于产品线太多，缺乏聚焦。企业搞不清楚核心产品及核心卖点，故而无法集中资源去打造升级产品并进行营销推广。

需要注意的是，企业在"减产品"的同时，一定要注意"加服务"，即完善盈利模式所需要的周边服务。例如，专注于手机市场的企业，需要完善铺货渠道以及售后服务等。

二是"减流程和渠道"，即去掉不必要的环节，让消费者便利消费，控制成本。

传统商业模式下的消费往往是一环套一环的，长供应链导致占用了大量的资源、时间和人力成本，加大了企业的成本压力。减少流程和渠道，缩短供应链可以有效控制成本，并简化消费行为。

三是"减人员"，这里说的不是裁员，而是以小微组织代替庞大的人员结构模式。

过去，企业往往安排多位员工与消费者对接，每项工作都有专人负责，但是对消费者来说是极为不友好的。多接触一位员工，消费者便要多花一些时间成本；多一步流程，企业的响应速度便要落后一些。为此，不管是供应链还是组织模式，企业要逐步往扁平化发展，简化消费者的成交步骤。

"减法"的背后不单单只是变少，它是在减少的基础上增加更多的想象空间。减少的是不必要的，减少的是负担与压力，减少的是市场所抛弃或即将抛弃的，增加的是实力、市场和估值。因此，对企业来说，"减法"是一种商业智慧，是消费时代提升估值的黄金大道。

第三节　乘法：联动效应的扩张

当出行触碰互联网，人们的交通需求可通过网络发送给周边的出租车司机，即使是上下班高峰期打车也不再那么难。当储蓄转移到互联网，网上购物衍生的支付方式进一步成为人们储存零钱的选择，小额储蓄变得简单方便。不管是滴滴出行还是蚂蚁金融，它们因完美契合消费者的需求成为风光无限的独角兽企业，在短时间内迅速做大估值。

两个看似风马牛不相及的事物，在消费需求的引导下相结合，联动之下产生了意想不到的效应。"乘法"之下，资源利用率得以提升，产品与服务模式得以创新，大众消费需求得以满足，企业估值得以几何式增长。

⊙ "乘"出亮眼市场成绩

消费者的需求不是既定不变的，随着经济水平的不断提高，消费者的需求也在不断地升级。过去，人们逛书店是为了买书，今天，人们逛书店可能是为了寻找片刻安宁。因此，今天的书店不仅卖书，而且卖甜点和饮品，甚至还举办一些沙龙。

　　根据马斯洛需求理论，当人们较低层次的需求得到满足后，便会追寻更高层次的需求，故而企业不能只满足于某一层次，要不断去满足消费者更高层次的需求。用更高层次的眼光去看待市场需求和商业发展，深挖专业领域，以联动唤醒企业更高的估值。

　　咖啡走进书店，营业收入多出的不仅仅只是一杯咖啡的收入。在乘法思维下，书店通过咖啡满足消费者购买图书之外的需求，不仅增强了消费者的忠诚度，还有效提高了客单价。需要注意的是，企业在增加业务的时候要确定是为消费者量身订做的，在为主业服务的同时，能够有效提高消费者的满意度。

　　那些经营状况一般的企业，表面上看是因为运营资本不足，实质上是缺少乘法思维。思维上的限制导致它们一直在做无意义的叠加，导致业务的价值不仅难以发挥，甚至成为主业的拖累。当商业认知落后于时代，企业被淘汰便成为必然之事。因此，企业要用全新的眼光去看待商业，以乘法思维去重塑自身的业务模块。

　　如今网上购物已然成为消费主流，各种各样的线上购物网站频频上线，而要想在激烈的竞争中拔得头筹，企业便要清楚消费者最重视的是什么。这个答案无疑是消费者体验。商品能安全、迅速地送货上门是消费者看重的，因此，谁能将零售与物流相结合，实现乘法效应最大化，谁便能在估值上立于不败之地。

　　当零售与物流相结合，带来的是智慧零售的落地和物流行业的变革。苏宁物流孵化于零售行业，内含零售的基因，是基于零售做的"乘法"。2019 年，苏宁物流构建起了仓储、快递、快运、冷链、跨境、即时配、售后体系，补足零售业务的供应链，为消费者提供全场景服务。

　　另外，依托遍布全国近 6000 家苏宁小店，苏宁可以有效提供 3 公里内 30 分钟、1 小时及时配送服务，并为消费者提供包裹代收代寄等服务，得到了消费者的一致认可。一家做线上销售的企业，将线下服务完美协同，最终得到了乘法效应。

资本市场瞬息万变，谁能在错综复杂的局势下保持估值的稳步增长呢？对企业来说，关键是基于核心业务不断做"乘法"，以联动效应满足消费者不断升级的需求，从而赢得市场。

⊙ "乘"出商业价值最大化

在乘法效应下，企业用最小的成本，实现了最大的价值，并在估值市场取得了亮眼的成绩。那么，具体来说，企业如何实现乘法效应，实现商业价值的最大化呢？一般来说，企业主要可通过如下四种形式来实现乘法效应。

一是不同要素之间的聚合，从而产生裂变效应。不同行业中的不同企业，看似没有直接的联系，但当跳出行业桎梏，站在价值角度重新审视便可能发现新的商业机会。例如，旅游业和房地产业之间便可以合作，旅游业需要的是游客，而游客的需求是观景，房地产中的观景房刚好契合游客的需求，进行旅游的游客又恰好是房地产业的潜在客户。以旅游带动房地产，给游客购买优惠，甚至将观景房提供给游客作为旅行中的住所。通过两者之间的联动，演变出新的商业价值，放大企业的估值。

二是充分利用互联网，实现商业估值倍增。互联网是当今世界最大的平台，利用得好能够帮助企业进一步开拓市场。例如，饮料的传统渠道是商超、便利店等，通过这些渠道，厂家根本无从得知消费者的年龄、地区、性别、偏好等信息。但是，将饮料放在互联网上销售，与多家线上平台进行合作，一方面可以扩充市场布局，另一方面可以利用互联网技术的便利性对消费者进行分析，进一步进行研发和制定销售策略。

三是重塑商业逻辑，用最小的成本获得最大的收益。为达到商业目的而进行一系列的商业活动，这是传统的商业逻辑。但是在新的消费时代，这种逻辑过于简单，难以满足消费者不断增长的需求。在新消费时代下，从商业行为的起点到终点，企业要有一套顺理成章的商业逻辑，这是企业价值的本质所在。为此，企业的钱要花在对的地方，抛开环境和时间的限制，因地制宜，用最小成本衍变出最大的经营价值，创造更大的市场。

四是充分利用新技术，实现估值裂变。技术在改变着人们的生活方式，购物不只在商场才能实现，网购、自动售货机等方式的出现让消费变得更加便捷。技术消除了产业间的壁垒，让消费需求更容易得到满足。例如，在就餐高峰期时去餐厅吃饭，消费者在点餐时往往要等服务员，但在技术的加持下，扫码点单让其能够随时点单。充分利用新技术，让新技术融入到企业日常经营中，让消费者便利消费便能加强用户黏性，提升企业的价值。

"乘法"是不同业务之间有效联动，"乘法"是企业业绩呈指数级的增长，乘法效应是企业最大估值的黄金策略。这是一个不断向上的时代，每个企业都在不断增长。原地停止或者增长缓慢的企业，纵向看是在向上，但横向看却是在落后。而"乘法"则是企业在竞争中的最强武器，是企业走向辉煌的关键。

第四节　除法：万法归一的教义

　　商场如战场，在这场没有硝烟的战争中，企业需要"占山为王"，以自身优势为原点，不断扩大市场。每个企业都应该清楚自身的优势特点，只有找到自身的特长，并聚焦于所长，才能获得最终的胜利。

　　企业的生存要义在于满足消费者，企业生产的产品与服务永远都是配角，真正的主角是最终的使用者——消费者。企业要把重心转移到消费者身上，这是商业永恒不变的真理。

⊙ 商业新思考模式

　　在体育界，将一项运动的纪录提高 0.01 秒便是令人激动的事情，但在1993 年却有人一次性将一项运动的纪录提高了 40 多秒，这个人便是"东方神鹿"王军霞。在第七届全国运动会上，王军霞在女子万米长跑项目中以 29 分 31 秒 78 的成绩，打破了多年无人打破的世界纪录。

　　王军霞得到了全场喝彩，为中国赢得了至高荣誉。但是，在经济学家的眼中，一次性提高 40 多秒纪录却并非最佳策略。在他们看来，如果王军霞每次将世界纪录提高 1 秒钟，她至少可以获得 40 次世界冠军，她本人也将获得 40 倍的奖金。

用在体育上这种说法显得有些荒唐，但在企业经营上却是实打实的好策略，即除法策略。用若干个区间目标去代替本可以一步到位的目标，通过战略区间的转换和技术的升级换代，获得利润的最大化，这便是除法策略。简单来说，就是让最赚钱的项目独立运营。

在商业营销上更是要注重除法策略，日本的丰田汽车就曾凭借这一策略扭转局势。一直以来，丰田汽车都是主打性价比的，但其也曾推出过高端产品，只是市场表现不佳。这是因为，在消费者心目中，丰田汽车是中档车的代名词，购买高端车时并不会考虑丰田汽车。

对于丰田汽车来说，高端车意味着更高的利润。为进军高端车领域，丰田汽车深度调研市场，分析消费者购买意向，将高端车的品牌改为了雷克萨斯，独立出一个全新的品牌，在市场上取得了不俗的反响。除法思维给了丰田汽车想象空间，通过独立新品牌成功进军新领域，让丰田汽车的业绩迈上了新的台阶。

新时代，新商业文明，所有的一切都要回到市场的终点，即人的本身。在互联网世界，几乎所有的企业都在讨论流量、交易量，但是企业更应该关注的是一个个具体的人，也就是企业所面对的消费者。任何商业体在成长的过程中，都离不开对人的关注，这是企业估值进阶的核心。

市场上有很多好产品，但是并不是每一款好产品都能得到市场的认可。抓不住消费者的消费需求和行为习惯，企业投入再多也是白费力气。与其闷头苦干，不如抛开固有的思维模式，换个角度重新思考，商业市场再复杂，究其本质是不变的，那便是消费者永远是第一位。

优化产品的核心是优化消费者体验，创新模式的核心是让消费者满意，不管是哪方面的工作，企业要始终以消费者为核心，紧贴消费需求。

将产品进行重新分解、组合，除法策略可以给企业更多的想象空间和未来。

⊙ "除"中有商业新空间

"除法"是一种商业思考模式，是企业所必须具备的一种思维。除法策略是打破固有的思维框架，并在其中寻找市场机会，激发创新。

一般来说，除法策略有三种方法，具体如下：功能型除法，即挑出产品或服务的某个功能，逐个进行优化，如将电扇的风扇叶进行缩小由此衍生出无叶风扇。物理型除法，即通过排列组合进行功能优化，如将台式电脑进行优化衍生出手提电脑。保留型除法，即产品或服务的功能未做改变，如 U 盘的体积变得越来越小，但内存却越来越大。

在除法思维下，企业通过对产品或服务进行分解重组，用一种新的形式呈现了现有的某种功能，或者创新了一种新的功能，为企业带来了更多的市场机遇。那么，企业又该如何使用除法策略达到商业目的呢？

具体来说，除法策略可分为五个步骤：一是列出产品或服务的组成部分，在这个过程中，企业要找出产品或服务中与消费者息息相关的关键点，如哪些是消费者最关心的，哪些应该重点突出。二是分解产品或服务，对此企业要根据产品或服务的特性进行分解，不可盲目进行。三是重新组合产品或服务，在重组中可以有要素的添加和删减，重点是进行用户体验的优化。四是明确产品或服务的优势和市场定位，以最小的成本打造壁垒，减少其他企业的冲击。五是产品或服务的可行性思考，其中特别要注意的是，所做的改变一定要符合消费者的行为习惯。

在固有思维的桎梏下，人们很容易将产品或服务圈定在既有的范围内，认为它们就该是大家所熟悉的那个样子。但是，除法思维打破了这种刻板印象，赋予了产品或服务新的生命力，使企业能够适应消费时代的各种变化，让企业立于不败之地。

第三章

两个亿——产品时代的"黄金捕手"

产品是企业的启程之基，打造市场所认可的好产品是企业继续这场旅程的必要条件。产品对应的是消费者物质层面的需求，发现并洞察产品中的关键点，企业便能找准消费者在物质层面的诉求。

产品的优劣决定着企业的价值，产品是企业的核心，影响着企业的市场估值状况。企业的产品表现决定着企业的估值表现。当企业的产品被市场认可，企业的价值就得以显现，并将在估值市场一路坚挺，成为最终的胜者。

第一节　打造商业化价值的产品

新经济浪潮下，什么决定着企业能否生存？是企业规模的大小吗？是经营历史的长短吗？是产品种类的多少吗？都不是，真正决定企业能否生存下去的是其产品是否具有商业化价值。

一旦产品失去了商业化价值，企业便失去了市场。很多企业在产品上进行了很多创新，但是永远无法实现商业化的创新只是无用功罢了。于企业而言，打造具有商业化价值的产品才是发展要义，才是生存之本。

⊙ 商业化与价值化

1946 年 2 月 14 日，世界上第一台通用计算机于宾夕法尼亚大学诞生。但是，这台计算机主要用于军事计算方面，体积大，并且价格高昂，因此并没有实现商业化，在市场上几乎无甚价值。

直到 1981 年，在 IBM 的秘密研发下，个人电脑横空出世，并迅速走进千家万户，真正实现了商业化。IBM 推出的个人电脑看起来就像是一个"大盒子"，不仅体积小，而且在价格上有了大幅度的下降，得到了广大消费者的认可。随着个人电脑销量的不断增长，IBM 也迎来快速发展时期，成为当时最具发展潜力的企业。

为什么第一台通用计算机并没有创造经济价值，为什么 IBM 凭借个人电脑有了百亿销售额？这是因为，第一台通用计算机虽然改写了时代，但也只是在军事领域大放异彩，并没有实现规模化和商业化，而个人电脑则成功走进家庭之中，商业化为 IBM 带来了高估值。

将目光放到中国，2019 年最耀眼的企业莫过于华为了。单就手机业务，在其他手机品牌销量停滞不前，甚至有所跌落的时候，华为却逆流而上，交出了一份让人满意的成绩单，并在估值市场赚足了眼球。

表 3-1　中国市场前五大智能手机厂商出货情况

厂商	2019 年第二季度		2018 年第二季度		同比增幅 /%
	出货量 / 百万台	市场份额 /%	出货量 / 百万台	市场份额 /%	
华为	36.3	37	28.5	27.4	27
vivo	18.3	18.7	19.9	19.1	−8.2
OPPO	18.2	18.6	21.2	20.3	−13.9
小米	11.7	11.9	14.5	13.9	−19.3
苹果	6.6	6.7	7	6.7	−6.2
其他	6.8	7.1	13.1	12.6	−47.5
合计	97.9	100	104.2	100	−6.1

注：数据来源于 IDC 中国季度手机市场跟踪报告，数据均为采取四舍五入后取值

2019 年 9 月 19 日，华为 mate30 系列手机在德国慕尼黑举行全球发布会，并于凌晨开启预约系统。仅仅两天的时间，在价格未定的情况下，该产品在国内的预约数便超过 10 万台。9 月 24 日，随着华为手机新品发布，

华为概念股一路高涨，其中激智科技、五方光电、春兴精工涨停，武汉凡谷、硕贝德涨幅超 5%，让华为在资本市场备受追捧。

不管是 IBM 还是华为，它们打造出了具有商业化价值的产品，得到了市场的认可，因此估值水涨船高，成为高估值企业。对其他企业而言亦是如此，挖掘产品的商业化价值，获得市场的认可是企业提高估值的关键。

⊙ 高估值的商业之路

产品的商业化价值，是企业由小变大、由弱变强的有力武器，是企业做大估值的关键。GRiD Systems 曾在 1989 年推出世界上第一台用于商业的平板电脑，但是该产品基于的操作系统过于落后，并没有产生商业价值。众所周知，2010 年苹果推出的平板电脑得到了市场的追捧，真正实现了平板电脑的商业化。平板电脑的成功带动了股价的大涨，苹果公司的市值一举突破千亿美元大关，第二年随着新产品 iPod 的成功其市值更是猛增到 6240 亿美元，成为全球市值最高的企业。

产品的商业化价值给资本市场带来了巨大的信心，企业估值得以居高不下，那么，企业又该如何实现产品的商业化价值呢？

第一，明确产品的消费者，为消费者提供价值。这一点是产品实现商业化的基础，也是最容易被忽视的一个方面。产品质量上乘、设计前卫、营销方案契合……不管有多少优点，在推出市场之前都要明确目标消费者。这是因为，在设计新功能的时候，思路方向不是竞争对手有这个功能，不是领导要求，不是灵光乍现，而是消费者的需要。

消费者的需求是产品设计的起点，之后企业更是要根据消费者偏好确定各项资源的投入与分配，如此企业才能拥有一款具有商业化价值的产品。不管消费者是何种类型，其需求的根本在于较低的价格、优质的产品、全面的服务，因此，这三点是企业优化产品的大致方向。此外，随着产品生命周期越来越短，企业可以利用 4P 营销理论的方法深入了解市场和消费者的需求，以应对变化迅速的市场。

第二，为了让产品更好地服务于消费者，企业要及时发现消费者需求的变化，并对产品进行优化改造。消费者的需求是影响产品生命周期的核心因素，任何一个环节的主要任务都是满足消费者的需求，因此企业的各个部门都要了解消费者的基本信息，并随时关注消费者的购买意愿、喜好变化等。面向市场的产品完美契合消费者的偏好，产品成为市场的下一个"爆款"便是自然而然的结果。

第三，实现产品间的连接，产生协同效应。淘宝、天猫和支付宝相连，使得买卖双方在网络上进行交易有了一个安全的环境，电子商务由此发展成为如今的日常活动。支付宝推出的余额宝是基金业务，花呗是消费金融服务，相互宝是互助保障项目……多项业务的相互协同，这才有了如今的独角兽——蚂蚁金融。各项业务之间相互交叉，用户也随之越来越多，实现了产品的融合。在这个时代，拥有用户的企业便是高估值企业。

第四，关注市场政策的变化，顺势而为。与政策相悖的产品必然走向灭亡，打"擦边球"，触碰"高压线"，这样的企业可能一时得到了利润，但却失了边界，最终必然得到市场的制裁。企业要时刻关注政策新动向、领导人发声、国家专利情况等信息。例如，随着国家对环保企业的重视，那些传统的污染企业必须寻求转型，否则必将为市场所淘汰。关注市场政策的变化，是产品走向市场、企业通往高估值之路时不得不重视的一个环节，企业必须足够重视。

产品的商业化为企业发展注入了造血能力，同时商业化又对产品的进一步推广产生了反哺作用。商业化不是产品的终点，而是起点。从产品本身出发，挖掘其商业化价值，如此企业才能得到持续性发展，在激烈的市场竞争中立于不败之地。

第二节　产品竞争力源于差异化

这是一个物质充裕的时代，市场上的产品丰富多彩，满足着人们各种各样的需求。当供给大于需求，就形成买方市场，产品之间的竞争变得异常激烈。消费者要满足需求有着多种选择，在这种情况下，何种产品能够脱颖而出，成为消费者的第一选择？有的产品价格便宜，有的产品外形美观，有的产品使用范围广……这些优势是产品的核心竞争力吗？

在这个竞争白热化的市场中，产品的核心竞争力是可以满足其他产品满足不了的需求，也就是说，与其他产品具有差异化。差异化是企业存在于市场的不二法宝。

⊙ 千人千面，独一无二的存在

在收入水平一般，人们普遍缺钱的情况下，消费者对价格比较敏感，因此产品进入市场时往往选择以低价为切入点。低价策略虽然有效，但却是以让利为代价的，且当竞争对手降价时，这一优势便不复存在。

如今工厂与消费者之间的距离越来越近，随着中间环节的大幅减少，价格已经趋于透明，消费者对价格也不再像过去那般敏感。市场上的产品越来越丰富，消费者选择的余地越来越大，在同类产品中谁能切中消费者的需求点，满足其个性化需求，谁便能脱颖而出。

相比低价，今天的消费者更倾向于个性化、定制化的产品，以满足其独一无二的需求。纵观市场上成功的产品，可以发现这些产品都有区别于同类产品的明显特征，成为消费者心中某种需求的代名词。例如，在手机方面，苹果的工业设计业内一流，华为在 5G 上拔得头筹，小米在性价比上一骑绝尘，因此，追求完美产品的消费者会选择苹果，追求最新技术体验的消费者会选择华为，追求性价比的消费者会选择小米。因为差异化，它们都取得了不俗的成绩。

在商海之中，当企业致力于寻找差异化时，许多隐藏的商业机会便会涌现出来。同样，若迷失于同质化竞争，无法向消费者提供差异化的产品与服务，企业则将走上末路。

2018 年 6 月，国内最早的连锁健身品牌浩沙健身瞬间崩盘，全国直营门店一夜倒闭。7 月，在清流资本的领投下，健身品牌 "Shape 塑健身" 获得数千万元 Pre-A 轮融资。一边是在传统健身房模式中挣扎着走上死亡之路，一边是在互联网健身模式中寻得全新机遇，这种对比似乎已经预示了传统健身房的死亡和互联网健身的兴起，那么传统健身房真的是一条走不通的死路吗？

在传统健身房倒闭潮中，有一家企业走出了一条属于自己的生路，它便是坚蛋运动。那些有着多年经营积淀和充足资金实力的健身老店尚且发展艰难，那么一个新的品牌又如何从线下健身的"厮杀"中寻得生机呢？坚蛋运动的成功并非偶然，而是从一开始便聚焦于差异化，通过向消费者提供其他健身品牌提供不了的服务来站稳市场，并一步步扩大。

在选址上，传统健身房往往更倾向于繁华的商业区，坚蛋运动却坚持将店面开在社区。这是因为，一方面社区的租金要远远低于商圈，另一方面社区意味着距离消费者更近，便利性是消费者选择健身房时优先考虑的一大因素。

在服务上，传统健身房的教练往往还兼任着销售，为了增加收入，教练常常强推私教课，导致消费者对教练产生反感情绪，进而对整个健身房产生不满。坚蛋运动的教练则主要是对消费者的动作进行专业化指导，并不向消费者强推课程。

坚蛋运动与传统健身房截然不同，社区型定位让它吸引着大批消费者，在激烈的竞争中脱颖而出。2017 年 6 月、2018 年 3 月，坚蛋运动两次获得可奕资本的投资；2019 年 1 月 12 日，坚蛋运动更是荣获"中国（行业）最具投资价值企业"。

我国潜在健身消费人口大约有 1.2 亿，有专业机构曾做出预测，在成熟阶段，我国健身行业将会是一个 1500 亿元的大市场。不管身处哪个行业，有市场便会有竞争，那么在激烈的竞争中如何塑造自身的差异性，成为消费者独一无二的选择，这成为企业必须思考的问题。

⊙ 人无我有，人有我优

经济发展瞬息万变，每天都有企业破产倒闭，每天也都有新的企业诞生。一边是衰落，一边是崛起，天差地别的结果源自截然不同的选择。选择模仿或跟进，企业便只能在同质化中厮杀；选择颠覆与开创，企业便将在差异化中开辟一条新的大道。

差异化战略是指企业将提供的产品或服务差异化，在行业中发展出具有独特性的产品。那些从普通走向优秀，又从优秀走向卓越的企业，无一不是走着一条差异化道路。例如，在饮用水行业，农夫山泉以"有点甜"的特性让消费者印象深刻，又通过运动瓶盖设计在市场上打出自己的特色，发展为同类品牌中的佼佼者。

市场竞争激烈但并不可怕，可怕的是企业与同类型企业无甚差别。那么，企业要如何打破同质化，通过差异化提高自身的竞争力呢？

将产品的价值点进行具象化。很多企业在设定卖点时过于笼统和抽象，无法让消费者清晰地感知产品特点。要想让产品的卖点更容易被消费者感知，常用的方法有如下两种：一种是通过数字让消费者有参照，如 OPPO 手机"充电 5 分钟，通话 2 小时"的广告语瞬间便让消费者明白了这款手机在充电上十分出色；另一种是通过视觉设计让消费者有一个直观的感受。

强化产品的价值点。消费者选择某个产品的原因有很多，如价格、质量、包装、口味、颜色等，但归根结底是对产品实用价值和附加价值的认可。需要注意的是，当市场竞争陷入同质化时，产品的实用价值对购买便不再起决定性作用，这时候影响消费者购买意愿的便是产品的附加价值。将产品的附加价值放大，大到竞争者无法追赶，大到超出消费者的预期，这个时候，企业便拥有了强大的竞争力。例如，宜家之所以火爆，不仅仅是因为其产品性价比高、组装配送方便，还因为宜家餐厅的美食诱人，在饮食上的附加价值让宜家从同类企业中脱颖而出，得到了消费者的青睐。

人无我有，人有我优。当消费者想要购买某种产品时，谁是消费者唯一的选择，谁便拥有市场与价值。例如，文具行业对技术要求不高，低门槛导致同质化十分严重，竞争异常激烈。在这种情况下，晨光文具却充分结合消费者的特性推出考试专用笔，得到了学生群体的青睐，销量更是增长了 30%。等其他文具企业反应过来推出考试笔时，晨光文具又改进推出了"孔庙祈福考试笔"，受到了全国考生的抢购。在同质化的产品中，晨光文具切中消费者心理，推出了其他企业所没有的价值点，让产品与其他产品形成差异，成为消费者的第一选择，在市场取得了不俗的成绩。

差异化是产品的记忆点，是发展中竞争力的来源，是企业价值的根本。那些有着高估值或者成功上市的企业，必然有着独具特色的产品。因此，企业必须认识到差异化的重要性，实现企业估值的进阶。

第三节 销量是最终的衡量指标

这是一个流水化工业时代，但企业却依旧在工艺上追求精益求精，打磨产品，创造独一无二的质感。产品复制如此便捷高效，企业为何还要进行定制化生产？

这是一个口碑传播时代，但企业却依旧会花大价钱请明星代言产品，进行铺天盖地的宣传。消费者很乐意主动为好产品做免费宣传，企业为何还要花费百万、千万，甚至上亿元进行高成本的营销？

这是一个网购时代，但企业却依然乐此不疲地增设实体店，融入消费者生活的方方面面。网上店铺成本低廉，且面对的消费者是上亿网民，企业为何还要费钱费力地开设实体店铺？

这是因为，企业的价值要通过销量来衡量，高估值企业无一不是有着全民化的产品，高销量带来的必然是高估值。销量的提高是没有尽头的，企业唯有不断优化产品、渠道、服务等，为销量的提升铺出一条黄金大道。

⊙ 高销量，高估值

2019 年 6 月 19 日，随着 618 大促落下帷幕，各大电商纷纷公布销售数据，天猫有 100 多家品牌实现了上亿成交额，京东实现了 2015 亿元销售额，成立仅 4 年的拼多多销售额也突破了 12 亿元。受购物节影响，电商股更是一路高走，阿里巴巴涨幅达 3.5%，京东涨幅达 3.4%，拼多多涨幅达 1.46%，一夜之间，三大电商增值 162 亿美元。

销量是企业扩大影响的重要因素，是企业长久发展的重要一环。因此，在电商竞争中，企业百亿补贴消费者，只为吸引客流，做大销量；在网约车竞争时，滴滴送出大笔打车券，只为培养消费者的行为习惯，增加线上打车订单；在共享单车的风口面前，谁先断了补贴，谁便失去了消费者，单车便就此闲置。企业千方百计，甚至赔钱也要做大销量，正是因为销量对企业的影响至关重要。

一家新上网店，有着超越同行品质的产品，精美的店铺网页设计，适宜的产品介绍等，但因为是新上店铺销售数据表现不是很好。面对这家各方面表现良好，但是销量偏低的店铺，消费者会选择购买吗？答案是：大部分消费者并不喜欢做第一个吃螃蟹的人，他们更喜欢购买那些有着高销量的爆品。

高销量意味着高覆盖率和深远的影响力，也就是说，高销量代表着企业的价值与估值。默默无闻的产品无法为企业带来利润，更无法为企业带来影响力。当企业拥有驰名全国的"拳头"产品，其品牌、利润等将进入一个全新的阶段。

对企业来说，销量是企业最终的衡量指标，制定的策略要以提高销量为指向，做出受市场欢迎的好产品，如此企业的估值才能迎来跨越性的提升。

⊙ 优体验，高销量

市场上，每天都有很多新的产品上市，它们的结局无外乎两种，一种是在大卖中提升企业影响力和估值，另一种则是在沉默中走向死亡。为什么有的产品投入市场没有产生半点火花，是产品质量不佳还是设计有问题？随着市场上买卖双方位置的转换，处于被动局面的企业在产品选择上变得更加谨慎，产品投入市场前往往已经接受了层层考验。那么，这些优质产品为何始终做不出销量呢？外在因素是市场的竞争激烈，内在因素则是产品在消费者体验上表现不佳，难以吸引消费者。

体验决定销量，销量决定估值，企业做大估值的重点则在于销量的提高，销量提高的关键在产品体验优化上。为提高产品销量，企业要如何做好消费者体验呢？产品销量的提高离不开对产品体验关键点的把握。

关键点之方便实用。正如美国著名工业设计家唐纳德·诺曼所说："良好的设计通常都会具有易于发现和易于理解两个特性。"简单易学的产品更容易得到消费者的青睐，假如必须阅读说明书消费者才能明白产品的特性和使用方法，从使用上产品就与消费者存在距离，自然难以得到消费者理解，又如何取得高销量呢？美图秀秀的成功一方面是源于其强大的功能，另一方面则是因为这些功能简单易上手，任何消费者都可以轻松学会，故而一经推出便得到市场的肯定。

关键点之独具特色。同质化严重是很多产品面临的问题，因为与同类产品区分不开，难以在激烈的市场竞争中取得优势，故同质化产品死亡率高。消费者的需求是多样化的、个性化的，千篇一律的产品注定得不到消费者的青睐。当产品拥有独具一格的特色，能够满足消费者的个性需求，其便成为市场上独一无二的存在，没有替代品的产品更容易在竞争中脱颖而出。

　　关键点之替消费者省钱。不管时代如何变化，物美价廉的产品总是有着广阔的市场空间。免费更能吸引消费者的注意，这就是为什么360杀毒能够异军突起，这就是为什么率先实行全国免押金的哈啰单车订单量成倍增加。低价与免费刺激着消费者的神经，是企业开发新顾客和维护老顾客的有力武器。

　　关键点之满足消费者需求。了解消费者需求，在产品设计、制作、定价等过程中才能契合市场。为此，企业在产品生产的整个过程中要契合消费者的需求，征求消费者的意见。当瞄准了消费者痛点，企业才能得到消费者的青睐，进而提高转化率，实现销量的"野蛮生长"，迎来自身估值的稳步提升。

　　好的体验促使消费者购买产品，是企业提高销量的有效途径。为此，企业要对消费者进行研究及分析，了解消费者的特征、行为方式与习惯、心理及情感等，并依据消费者的偏好对产品进行改进和优化，提升消费者的体验。

第四节　不断突破发展的天花板

改革开放以来，我国民营企业的发展蒸蒸日上，带动了国内经济的高速增长。然而，在发展的背后却是中国民营企业的平均寿命短，10年存活率低。一边是不断发展的国民经济，一边是不断走向破产的民营企业，是什么阻碍了企业进一步发展壮大？

⊙ 发展路上的拦路虎

当企业发展到一定规模，再向上发展便阻力重重，究其根源是企业发展天花板的问题。发展潜力不足，无法应对发展路上的拦路虎，企业再怎么变革也无济于事。没有存在天花板的市场，只有存在天花板的企业，归根结底，那些被"虎"拦路的企业是自身内部出现了问题，故而难以得到资本市场的认可。

2019年9月30日，Forever 21向美国法院提出破产保护申请，并着手关闭商店。作为受美国青少年欢迎的大众时尚品牌，Forever 21在美国的销售量排名前五，一度在全球48个国家拥有近800家门店，在快时尚领域一时风光无限。

然而，Forever 21 在进入中国市场时却跌了个大跟头，2008 年在江苏常熟 Forever 21 开设了中国市场的第一家门店，位置选取失误导致 Forever 21 以失败告终。2012 年，Forever 21 卷土重来，在北京王府井地区重新开设店铺，并得到了发展。然而，就在 Forever 21 雄心勃勃地提出要在 3 年内将全球门店数量翻倍到 1200 家时，隐患已经悄然而至。

随着互联网浪潮的凶猛来袭，各式购物网站和 App 带给了消费者新的消费环境和购物方式，线上市场兴起的同时是线下市场的迅速萎缩，专注于线下的 Forever 21 也不可避免地受到了冲击。更关键的是，随着消费升级，Forever 21 定位的廉价在年轻消费者中已不再吃香，失去了消费者 Forever 21 此时再去疯狂开店可谓是雪上加霜。

同样定位为快时尚的优衣库将资金投入面料研发上，而 Forever 21 只是不断地开店增大自身的现金压力；其他竞争对手玩起了联名款不断给消费者全新体验，而 Forever 21 在质量和概念上却始终不思进取。当消费者对产品毫无兴趣，企业的至暗时刻便即将到来。

曾经，Forever 21 创造了一个奇迹，它凭借精准的用户定位与价格策略估值百亿；今天，Forever 21 没能突破 1200 家店铺的天花板，走错方向的它走向了溃败。在辉煌时期走向末路，Forever 21 不是唯一，在太平洋的彼岸，拉夏贝尔同样陷入巨亏泥潭。

2019 年 10 月 16 日，拉夏贝尔发布公告称，旗下控股子公司杰克沃克因持续亏损，资不抵债，拟向人民法院申请破产清算。作为国内首家"A+H"股的服装上市公司，拉夏贝尔曾被寄予厚望。2017 年回归 A 股之初，拉夏贝尔的市值曾一度高达 120 亿元左右，然而，仅仅两年的时间，拉夏贝尔的估值便缩水 75%，只剩下不到 30 亿元的市值。

仅仅 2019 年上半年，拉夏贝尔就关闭了 2470 家线下零售网点，平均每天关店 13 家。关店潮的背后，是拉夏贝尔营业收入持续下降，始终无法突破发展的天花板。

不管是 Forever 21 的破产，还是拉夏贝尔的爆雷，失败的根源皆为无法突破快时尚发展的天花板。在变化的市场下，消费者的需求在不断变化，持续推陈出新才能赢得消费者的青睐。企业一旦发展停滞，走向崩盘将是一瞬间的事情。

⊙ 破除成长天花板

为什么对产品进行了优化，但在价格上却始终比拼不过竞争对手？为什么拥有众多先进者的行业很难进入，只能眼睁睁看着别人获得滚滚利润？为什么市场需求很旺盛，但是自身的产品却不好卖？出现种种问题，便说明企业遇到了成长的天花板，其在估值上更是不被看好。为了改变现状，企业必须进行一系列的变革，以破除成长天花板，重新迎来估值的顶峰。

首先，企业要对产品进行重构，不设限方能寻得生机。具体来说，产品重构主要集中在如下两个方面：

一方面，在业务模式上，对产品销售方式进行重构。例如，过去的产品一般只在线下实体店铺销售，或者只在线上网络店铺销售，两种销售方式并不交叉。但是，这两种方式都有着自身的缺点，如线下销售面对的消费者流量有限，线上销售消费者的体验一般。为此，企业可以将两种销售方式相融合，打开销售新空间。

另一方面，在产品定位上，对产品属性进行重构。定位，即产品在消费者心目中的形象和地位，它决定着企业能做多大，能走多远。定位要细化，细化的定位能帮助企业在激烈的市场竞争中占据一席之地。例如，在茅台、五粮液等知名企业几乎垄断白酒行业市场的情况下，江小白将产品定位为"时尚小酒"，以年轻人为目标受众，迅速打开了市场。

其次，企业要颠覆传统，敢于先破后立，将行业话语权握在手中。

市场是由不成熟走向成熟的，好的产品会让消费者由排斥转为接受。旧的市场秩序不是一成不变的，那些高估值企业无一不是颠覆传统，通过对行业洗牌突破了发展的天花板，从而创造了一个又一个商业奇迹。

例如，ofo 的横空出世引爆了共享单车领域，一轮又一轮的融资，一次比一次高的估值，整个资本市场为共享单车而沸腾。然而，仅仅几年的时间，共享单车领域死掉了一家又一家企业，开创者 ofo 更是自身难保。可如今，共享单车领域的幸存者却有了一个新名字，那便是哈啰单车。

旧的单车王牌已经退场，作为后入者的哈啰单车又何以生存呢？其中关键便是，哈啰单车不是以模仿者入局，而是以改写者入局，不管是在定价上还是管理上，或者投放城市上，哈啰有着自身的策略。不大力补贴，不混乱投放，不只集中于大城市，哈啰单车颠覆了过去的共享单车模式，用新的行业秩序为自己争得了市场。

最后，面对危机，企业要删繁就减，集中实力，以达到单点突破。

不同人有不同的需求，若企业给产品的定位是满足所有人的需求，结果必然是失败。产品不可能照顾到所有人的需求，只能为一部人服务。若是聚焦于所有消费者的需求，企业在发展中必然无法聚力，力量分散之下很难开发出好的产品，进而失去市场。例如，企业用于宣传的资金往往是固定的数额，如果对多种产品同时进行宣传，在资金上必然不占优势，难以与同类产品进行比拼。但是，若是企业聚焦于一种产品，在宣传上做到尽善尽美，最后往往可以取得不俗的效果。归根结底，分散，发展必然无力；聚力，得以实现突破。

每个企业都会遇到发展瓶颈期，不思进取，企业将就此湮没；突破发展的天花板，企业将迎来一个锦绣未来。产品是企业突破成长天花板的一个切入口，是企业迈向上亿估值的黄金大道。

第四章

三个亿——用户为王的"有口皆碑"

能够撬动市场和资本的动力，已经从制造为王、渠道为王，进入了用户为王的阶段。但是，在流量红利已然被瓜分殆尽、获客成本步步拔高的情况下，基于用户生命周期的用户运营成为企业开辟新的流量、实现裂变增长的重要通道。

用户运营情况既是企业发展状况的风向标，也是企业融资和提高估值的敲门砖。技术形态的变化将市场的主动权移交给了用户，用户站在了舞台中心。谁抓住了用户，谁就是资本的宠儿。因此，如何通过拉新、留存、促活和转化用户获得更好的运营效率和收益效果，成为企业提高效益、提升估值的必备技能。

第一节　企业价值源于忠实用户

当对一家企业进行估值时，"用户"永远是一项重要的参考数据。实际上，近些年中国互联网领域大大小小的企业，一直都在围绕用户增长和用户黏性进行竞争，不管是哪个领域的互联网企业，都在抢夺用户。

用户是企业之间竞争永恒的焦点，而用户价值直接决定了企业价值。纵览中国互联网市场，市值名列前茅的企业无一不是持续创造价值的企业，不论是构建了综合互联网业务形态的阿里巴巴和腾讯，还是在专有领域占据优势地位的字节跳动和美团，都在不断经营用户价值的过程中发挥越来越强大的影响力。

⊙ 用户——大数据时代的门户

对于用户，过去企业的用户更多倾向于"消费者"这一核心形态，这实在是低估了用户的价值。如今互联网带来跨平台深度整合，让无数的"消费者"在购买产品与服务之外，拥有了更多展示需求和影响力的能力，人们这才发现，用户价值对于企业估值的影响力是如此之大。

在上市之前，企业的获客能力和用户黏性是投资人重点参考的数据，事实也证明企业的用户增长曲线和企业估值曲线往往具备一致性。当企业成功上市，企业和用户的关系也获得了更深层次的绑定。

用户数量、用户活跃度、用户平均使用时长、用户转化率和用户生命周期等，这些数据总是牵动着互联网企业最敏感的神经。如果用户流失、活跃度下降、付费比重下降，这些都直接表示企业的经营状况正在恶化。从这个角度来看，用户才是互联网企业的"资产负债表"。另外，从互联网企业的招股书中也可以看到，日活跃用户数量、月活跃用户数量等用户数据被摆放在最显眼的位置，好的用户数据表现是企业获得高估值最直接的原因。

我们不得不承认，如今用户是影响企业互联网营销效果的核心因素，当企业掌握了大量真实的用户，就能借助互联网的传播能力让企业的利润和收入呈指数级增长。

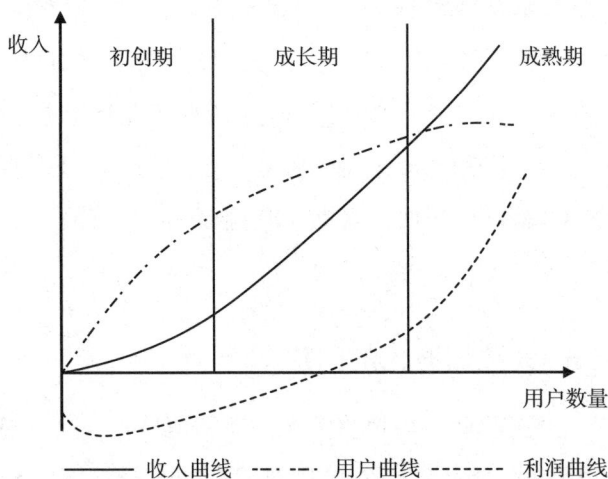

图4-1 企业生命周期

从图 4-1 可见，企业的生命周期大致分为三个阶段，处在不同生命周期的企业，对于用户价值的挖掘也有不同的侧重点：

在企业初创阶段，企业投入高但收入少。在这一阶段，企业在追求用户数量增长之前，更为重要的是需要对目标用户精准定位，明晰目标用户需求的痛点，有针对性地寻求早期核心用户的增长。与让用户数量快速增长的急迫心理相比，处在初创阶段的企业更应该在试错成本较低的初期阶段获取精准的用户画像，为企业成长期打下坚实的基础。

在企业成长阶段，用户快速增长的同时，企业的商业模式也不断成熟。要从客户身上获取更高的利润，不仅仅需要企业保持较高的用户数量，还需要企业在用户黏性和用户活跃度上不断探索，实现用户数量的大规模增加。

在企业的成熟阶段，商业模式已然成型。虽然企业的用户数量增速放缓，但是由于成熟的商业模式使企业的获客成本逐渐降低，且企业的用户黏性加大，企业的利润曲线将会快速上升，届时企业在市场上将具备相对稳定的竞争优势。

可见，用户的价值贯穿企业整个生命周期，尽管在不同的阶段效用不同，但其重要性是毫无疑问的。无论是已经上市还是准备上市的企业，都要看到用户对于企业发展壮大不可忽视的重要性。

⊙ 用户价值——打造高估值企业新维度

在社交、资讯、短视频、游戏、电子商务等各个领域，所有的企业都在致力于构建一个满足用户各种需求的综合平台，并通过对用户需求的深度挖掘，借助技术革新和产品服务创新不断提升用户体验。

企业对于用户需求永无止境的挖掘，从根本上说明用户直接关系着企业的生死存亡。用户数量快速增长的企业，往往在资本市场上高歌猛进，而那些被用户抛弃的企业，最终也大多是惨淡收场。这一点，不论是传统企业还是互联网企业都深有体会。

近几年，字节跳动的子产品——抖音的出海之路可谓是顺风顺水，截止到 2019 年 5 月，Tik Tok（抖音短视频国际版）已经连续 5 个季度在苹果商店 AppStore 位列下载量排行榜第一名。Tik Tok 在海外接连获得佳绩，已经成为印度、日本和美国等多个国家的热门软件。从 2017 年首次上线开始，到现在的短短两年多的时间，Tik Tok 已经席卷了 150 多个国家和地区。

在抖音进行大规模的海外扩张的过程中，"全球化产品，本土化内容"成为 Tik Tok 攻城略地的战略守则。因为 Tik Tok 的成功，正是基于用户的原创内容分享。Tik Tok 在开拓新的市场的时候，都会采取多种措施吸引当地的网红创作者，通过创作受当地用户喜欢的视频内容，实现快速引流。

脸书创始人扎克伯格认为，就规模而言，抖音在印度已经超过了Instagram。Tik Tok 的成功与用户是深度绑定的，作为一款沉浸式短视频和浏览工具，Tik Tok 比其他社交软件更加注重用户的价值。无论是针对不同国家的差异化的推广方式，还是对核心年轻用户心理的精准分析，抑或从海量数据中掌握用户的行为模式，都是 Tik Tok 对用户价值最大限度的重视与挖掘。

从上面的案例就可以看出，用户与企业命运直接相关，用户流失企业就如无源之水，用户活跃企业就枝繁叶茂。用户是企业在大数据时代的根基，也是推动企业前进的动力，深耕用户价值，就能打造高估值企业新维度，因为用户价值与企业价值的正向关系，就反映在企业的商业估值之上。

第二节　从万名用户到亿名用户

在全球经济迅速发展的今天，企业的发展速度堪比中国高铁"和谐号"，企业的数量和规模都有着惊人的变化。不可否认的是，在"用户为王"的时代，用户对于企业的发展具有不可或缺的作用。从企业投入运营到成熟期，用户始终贯穿其中，企业的发展与用户的增长有着密不可分的联系。

用户增长越快且越稳定，企业的市场占有率就越高，估值也就越高。万名用户与亿名用户之间有一道鸿沟，企业用户从万名到亿名的飞跃绝不是一蹴而就的，需要企业付出巨大的努力。

⊙ 用户为企业发展带来动力

用户对于企业而言，就如同搭建房屋时所需要的钢筋，房屋得以建造完成的一个条件，就是有足够的钢筋加以支撑。企业获得发展的一个重要因素就是用户，用户的积累是企业通向成功的必经之路。

在传统市场中，用户往往只能被动地接受，在市场中处于孤立状态，企业不会在乎用户的看法。现如今已经告别传统市场，企业早已不再具有决定权,"用户为王"的时代已经到来,企业与用户的关系也已经发生转变。

用户与企业是一种相互促进的关系。优质的用户能够促进企业的提升和进步,优秀的企业也能吸引到更多的用户。有了用户的参与,企业在研发、生产、推出产品时就更加具有准确性,这样便让双方的经济效益得以最大化实现。用户与企业之间的关系逐渐密切,用户提出诉求,企业为之实现,双方互利共赢。

用户是企业发展之路上的基石。企业规模的扩大与估值的提升都离不开用户。市场占有率是评判企业规模的一个标准,市场占有率的提高与用户数量的增长保持一致,因此拥有庞大的用户是企业规模扩大的基石。一般来说,用户与企业合作的时间越长,意味着用户价值越高,给企业带来的利润就会增加,随之给企业的发展带来动力。

用户具有高效的传播效率。"王婆卖瓜,自卖自夸"的方式几乎不再适用于现在的市场环境,企业若只是依靠市场营销,大力推广自己的产品,即便能够提高影响力,但观望中的用户会认为这只是企业的策略,想薅用户的"羊毛"而已,与产品的品质无关。这使传播效果变为负面的,企业会错失众多机会。企业将目标对准用户就等于对准市场,用户在企业中成长的同时,对企业的忠诚度会增加,因而主动邀请身边的同类用户加入,产生传播效果。通过这样的网状传播,用户数量便能飞速提升,企业也将迎来新的发展。

总之,用户伴随企业成长,用户数量的变化与企业估值的变化呈正相关。在庞大的市场面前,懂得重视用户相当于抢占先机,但如何能正确地找到适合自己的方式,是每个企业要努力的方向。

⊙ 由内而外,实现用户裂变

企业发展中必不可少的一项就是用户和企业的关系,二者之间是相互对应的。然而二者的关系并不具有彼此的不可替代性，当用户不满意时可以随时选择退出。这就给企业带来了危机感，面对随时可能流失的用户，企业仅仅维护现有用户是远远不够的，实现用户增长才是企业实现更高的规模效益的关键所在。

企业要想得到长期发展，一定不能忽略用户的重要性。如何有效地增加用户，企业可以从以下三个方面着手。

第一，确立目标，精准定位用户。在用户增加的最初阶段，企业投入大量资金意图实现用户引流，但常常忽略进行用户定位，导致最后的效果并不明显。进行用户定位时，企业要进行市场调查，了解用户的需求特点，将目标受众具体化，如此用户增长才能事半功倍。

第二，提高服务质量，优化企业产品。许多企业在将用户拉进来之后，就认为已经完成用户增长的目标。在众多企业眼中，他们的产品是完美的，用户是可以自行运用的。至于产品是否需要进一步完善，他们从来不考虑用户的意见。这一系列单方面定义用户看法的行为势必会造成用户的流失。当用户对企业的服务和产品满意之后，他们就会根据使用感受将产品介绍给更多的潜在用户，说服这些潜在用户直接使用企业产品，这样便实现了用户的二次增长。

在优化企业产品时，企业要注重增加产品测试，定期将测试反馈汇总。从测试中企业能够及时地了解用户的需求，这样能够缩短优化产品的周期，从而给引流新用户留出更大的空间。当企业产品得以优化时，企业用户的黏度就会上升，这样就减少了一部分用户的流失。增加新用户、稳住老用户和减少用户流失三方面同时兼顾能够提高企业用户的增长速度。

第三，扩大用户范围，多渠道引流。精准定位用户这一目标实现之后，企业不能仅仅止步于此。若企业仅仅注重某单一渠道的用户引流，那用不了多长时间，用户的数量就会停止增长，单一渠道中的用户数量有一个定数。面对广阔的市场，企业要多渠道引流，将用户的范围不断扩大，线上和线下、国内与国外都不能少。用户的范围扩大能够使用户数量不断增加，从而不断扩大企业的市场份额，拉动企业估值。

企业估值的增加，一定离不开用户的增加。用户的增长是一个循环往复的过程。企业从用户定位入手、优化企业产品、提高服务质量和多渠道扩大用户范围几个方面有针对性地着手，及时调整企业内部方案来提高用户运营水平，从而推动企业用户增长，为提升企业估值提供强有力的支持。

第三节　让用户彻底"沉"下来

用户对于企业估值和市值增长的作用从未像现在这样重要，它已经成为企业经营成败的决定因素。在新一轮的用户战争中，数量虽然依旧重要，但是能否让用户彻底"沉"下来，形成连续性的用户购买行为，成为企业能否发力腾飞的关键所在。

⊙ 磅礴的用户，蓬勃的企业

在阿里巴巴公布的 2019 财年年报中，淘宝、天猫的移动月活用户突破 7 亿，比去年增长了 1 亿，阿里巴巴的电子商务业务以更大的辐射范围和影响能力为无数用户服务。2019 年 8 月 14 日，腾讯公布的第二季度财报显示，微信月活跃账户达到 11 亿，再一次向世人展示了腾讯构建的庞大社交王国。

不仅仅是阿里巴巴和腾讯，在京东、拼多多和美团等一众互联网巨头的财报中，人们总能够找到关于用户的亮眼数字。用户的青睐和增长，是企业焕发蓬勃的生命力的源泉，也是资本市场竞相追逐的风向标。

中国网络文学是一个具备庞大用户基数的市场。权威机构艾瑞咨询发布的《2019年中国数字阅读行业年度报告》显示，中国网络文学市场规模总计达153.5亿元，在市场保持稳步增长的同时，投资市场也异常火热，多家企业纷纷布局泛娱乐中下游及海外市场。

网络文学市场用户基数大，用户的使用时长也仅次于影音媒体，又因为其有庞大的下沉市场，受到资本的追捧。而且在这一市场中还表现出了明显的用户消费偏好：同付费阅读领域相比，免费阅读在下沉市场中更受价格敏感用户的欢迎。

因此，在网络文学市场的免费阅读领域，吸引了更多的资本，也吸引了更多的参赛者。除了老牌玩家如掌阅和QQ阅读之外，2018年趣头条和字节跳动就分别孵化了免费阅读产品。市场上竞争对手增多，企业间的厮杀也变得格外激烈。而连尚文学，就是这片战场上冲杀出来的一匹黑马。

连尚文学的战绩在行业中相当亮眼，凭借连尚网络旗下产品——WiFi万能钥匙巨大流量的引流，成立1年就已经拥有过亿用户，并很快就获得了投资过小米和蒙牛的厚朴基金A轮融资，估值超10亿美元，成为网络文学行业新晋独角兽。

2019年4月24日，连尚文学宣布日活跃用户已经突破千万。后入局的连尚文学能够以破竹之势成为让其他竞争对手不得不重视的强劲对手，是因为连尚文学准确掌握了下沉市场用户价格敏感的特征，通过观看广告换取免费阅读的模式得到了大量用户的追捧，而广告收入就构成了连尚文学的营收。在这种商业模式下，连尚文学收获了大量的用户，占据了市场的优势地位，还成功建立了免费阅读的商业闭环，企业的估值自然也就水涨船高了。

这是一场网络文学阅读用户攻防战，在连尚文学的强烈攻势之下，新老玩家都受到了不同程度的冲击。连尚文学成功实现阅读下沉市场的行业突围，而这一切的关键，就是紧紧地抓住了用户。

中国网文市场格局的几轮大洗牌，是多家企业在下沉市场厮杀的必然结果，但是可以肯定的是，谁抓住了用户，谁就抓住了取胜的关键。"城头变幻大王旗"，在网文移动阅读下沉领域的胜者，不是那些只能抓住客户一时的短视企业，而是将目光放长远，构建完整商业闭环，能够让用户彻底"沉"下来的企业。

⊙ 忠诚的用户，伟大的企业

企业判断用户是否忠诚的办法很简单：当产品或服务的实际消费效果达到用户的心理预期时，就能达成用户满意，反之，就会导致用户不满意。当企业能够长时间满足某个用户并能够挖掘出符合该用户消费心理的潜在需求，使这一用户的购买行为达成一定的连续性，那么对于企业来说，它已经收获了一名忠诚用户。

也就是说，用户忠诚度和用户满意度息息相关，这与单纯提高用户数量和规模不同，需要企业对用户心理进行长期且深入的调查，在质量、服务、价格等多种因素上多次调整以不断满足用户消费预期。

这样看来，企业在实现从"从万名用户到亿名用户"的增长后，还要让用户彻底"沉"下来。获得用户的同时，还要留住客户，因为同用户数量相比，用户忠诚度对于抢占市场份额的作用更明显，企业对老用户的维系和服务成本更低，还能获得更好的利润率和口碑效应。总的来说，提升用户忠诚度能为企业在长期市场竞争环境中建立相对稳定的用户优势，也为企业持续提高估值、获取更大规模的融资提供坚实的用户基础。

那么，企业又该如何提高用户忠诚度呢？

第一，用大数据勾勒用户画像。通过大数据分析用户的综合信息，企业可以有效判断出某一个用户属于容易流失的用户群体，还是属于具备潜在高价值的群体。实际上，具备潜在高价值的用户往往具备相似的消费特征，如对价格不敏感、从接触到付款的间隔较短、购买频率较高等。

识别企业的核心用户是提升用户忠诚度的第一步，接下来企业就要采取有针对性的营销策略，最大效率地将潜在用户转化为忠实用户。对于尚未购买的用户，可以通过精准推送、优惠服务提升购买可能性；对于已经完成消费的用户，可以通过大数据推送其他可能心仪的产品或服务，扩大用户的购买选择、提升用户的复购率；对于那些已经建立初步信任的用户，可以通过特权服务和消费者关怀类内容推送，增加企业与用户的精神联系和品牌信任。

第二，提供超出用户期望的产品和服务。人们总说合格的产品要符合用户预期，好的产品要超出用户预期。要收获一名忠诚用户，企业不仅仅要达到用户的消费期望，还要能够提供更好的产品、更贴心的服务、更新颖的消费体验。企业要学会给用户创造惊喜，让用户实现更高层次的消费满足，这种心理将会随之转移到对企业的整体肯定和信任，最终帮助企业构建忠诚用户群体。

第三，依靠企业内部驱动，为用户提供正面反馈。其实用户思维并不复杂，企业对用户是否用心，直接决定了用户对企业印象的好坏。企业的产品和服务销售终端，是企业和用户距离最近、接触最为频繁的环节，在这一环节需要重视员工的服务质量，一个主动关心用户需求、为用户热心提供服务的员工，能够在很大程度上提高用户对企业的好感度。所以，企业在构建忠诚用户群体的过程中，除了开展外部市场营销，还要注意完善内部员工的培训内容，提高内部员工的服务质量。

忠诚的用户，能够让企业在巩固市场的同时，为企业赢得更为广阔的发展空间，也为企业提高自身估值增加有力的筹码。真正有价值的用户，不是"浮于表面"，仅仅组成一个简单的数字，而是能"沉"得下去，发挥用户价值对企业价值的提升作用，成为企业前行的动力和支撑。

第四节　用户休眠、流失与激活

对传统行业而言，市场基本已经饱和，在这种情况下获取一个新用户的成本往往是留存一个成熟用户的数倍。而且由于其用户价值的不同，表面上流失一名老客户、拉新一名新用户在用户总数上不变，但是实际上由于活跃度和消费行为的差异，企业从中获取的收益却是在下降的。如果企业不能有效减少用户流失，当流失的用户达到一定的规模之后，企业面临的将是一个无法挽回的死局。

⊙ 起伏的用户生命周期

分析用户生命周期能够帮助企业理解并掌握在生命周期各个阶段中的用户行为，并且能够让企业根据不同阶段用户的特点，有针对性地提升用户价值。用户的生命周期分为五个阶段，分别是导入期、成长期、成熟期、休眠期和流失期。

用户的导入期和成长期是企业实现用户增长的发力点，而成熟期则是企业提升用户忠诚度和活跃度的最佳阶段。但是经过了成熟期，只有少数企业能够继续实现平稳持续的用户增长和利润增长，大部分的企业将会不可避免地面临用户休眠和用户流失的衰落阶段。需要注意的是，大部分用户并不会走过一个完整的周期，用户可以在任一阶段离开。

实际上，用户的生命周期正是许多企业典型的成长路径映射。我们以手机应用程序为例，分析该应用的用户生命周期和相应的企业成长路径。

导入期：在这一时期企业运营的主要目的只有一个，那就是尽可能地引导用户下载应用，完成注册，实现企业的原始用户积累。

成长期和成熟期：在这一时期企业用户运营的主要目标就是促成用户交易，提升用户对应用的使用熟练度和产品依存度。这一时期是企业实现用户增长的重要节点，通过各种激励和奖励机制让用户逐渐成为深度使用用户，并通过挖掘用户的潜在需求持续刺激用户的购买欲望，让用户实现付费行为并持续复购，最终完成从用户到客户的转变。

休眠期：这一时期企业往往由于无法创造出新的需求持续吸引用户，再加之成熟用户对固定应用新鲜感丧失。当某一用户超过一段时间没有登录时，就可以判定该用户进入休眠期，企业将无法通过该用户获取后续收益。

流失期：这一时期是用户休眠期的最终结果，当某一用户休眠超过某一时间后，企业将基本判定已经损失了该用户。当这种现象成为大规模发生的常态时，用户生命周期就进入了流失期，企业也将随之面临收益下降、经营规模缩小的局面。

不同阶段企业的用户运营重点各不相同。处于导入期的企业，既可以通过精准推送提升用户转化，也可以通过全流量平台转化扩大品牌传播力度。处于成长期和成熟期的企业需要尽可能地挖掘用户价值，因为能够成功实现用户增长和用户转化的企业，往往其收入和利润也会得到大幅度的增长，其不断上扬的各项经营数据也将会是企业获取融资和提升估值的有力依据。

用户对企业的影响是如此直观有效，当用户大规模地休眠和流失之后，企业也基本被宣判了死刑。企业需要有效激活休眠用户，挽回流失用户，这是提升用户价值、延长用户有效生命周期，也是延长企业自身生命周期的必要手段。

⊙ 激活休眠用户，挽回流失用户

在分析用户生命周期的过程中，关乎企业经营发展的两个重要因素是用户参与度和用户在每个节点的转化率。当这两个指标降低，往往意味着用户休眠和用户流失，受到用户的影响，企业将不可避免地滑向衰退期。另外，在消费主义盛行的今天，用户永远不会担心不满意的产品和服务没有更好的替代品，也就是说，企业总是处于危机之中。

用户每天都会接触花样繁多的新需求，但是由于用户往往财力有限，当用户成为其他企业的成熟用户，就意味着上一个企业已经流失一名用户。积少成多，当失去的用户规模增大，企业也终将丧失最重要的利润来源。挽回用户的"芳心"，在用户的移动终端上再次占据一席之地是企业扭转颓势的关键所在。

那么企业如何有效激活休眠用户，挽回流失用户呢？

第一，分析休眠或流失征兆。比如，流失的用户在性别、年龄或者兴趣爱好方面是否具备相似性？在用户流失之前，企业是否在产品和服务上做出了较大的改动？流失的用户是否集中于某一时间点或者某一渠道？分析用户流失之前的行为，寻找用户流失的源头所在，企业才能有针对性地挽回流失的用户，并及时调整企业相关业务和服务。

第二，建立预警机制。这一步骤建立在企业对过往流失用户行为的全面分析之上。通过收集并整理的数据，将预流失的用户提前标记出来。比如超过 7 天没有登录的用户，对于推送的免费服务和优惠折扣产品点击率较低的用户，消费频率降低的用户，等等，可以提前标记出来，通过各种利益刺激和产品改善，在用户彻底流失之前挽留用户，重新唤醒用户的使用欲望。

第三，对用户进行干预和引导。因为用户可能会在生命周期的任一节点流失，因此需要对不同阶段的用户制定合理的运营策略，刺激用户的使用需求，提升用户的活跃度。对于新用户，主要是以利益刺激为主。对于成熟用户，企业可以通过活动感召和场景唤起，缓解用户对产品现有功能的疲劳，提升用户新鲜感。

实际上，用户休眠和用户流失是每个企业都必然面对的问题，如何提前预防，或者如何事后及时修补，对企业的用户运营能力有一定的要求。企业对于用户生命周期的分析和管理，最终目的是提升用户的价值，提升企业在资本市场中的竞争力，为企业经营规模扩大提供强有力的用户基础。

第五章

四个亿——冠军领导的 "独具慧眼"

对于企业而言，经历从无到有、从小到大、从弱到强的艰难而痛苦的蜕变，方能成长，方能真正走向成熟。而在这一系列的蜕变过程中，企业领导者起到的重要作用毋庸置疑。因此，从一定程度上来说，没有卓越的领导者，便没有企业的未来。

企业领导者必须具备并不断提升冠军领导者的关键能力，掌舵好企业前进的方式、方向和速度。在此基础之上，企业才能拥有未来，才能不断提升价值，实现亿元估值的转变。

第一节　信念为基，搭建美丽愿景

世界上每一家伟大的企业都有着独一无二的愿景。而这些企业愿景的形成往往与企业的创始人有着密不可分的关系。因此，作为企业的领导者，创始人必须具备"看见"心中图景的能力，并将其与企业发展相结合，从而使企业中的每一个人都感受到愿景的强烈召唤，并为实现共同的目标不懈奋斗，不断提高企业的估值。

⊙ 目标与愿景，激励与指引

小米创始人雷军曾表示，创办小米的初衷是因为他自己特别喜欢数码产品，"十几年的时间换了60部手机，特别想做一款自己喜欢、觉得够酷的国产智能手机"。以此信念为基础，才有了后来在手机市场上异军突起的小米。

由此可见，作为企业的创始人，必须明确心中所想，坚定信念，这是创办一家企业的关键一步。然而，一个人的力量总是有限的，一家企业的创办与发展需要聚合众人之力。单凭创始人的一己之力是远远不够的。因此，企业领导者必须让员工参与到企业的发展中来。

要提高员工的参与感和参与度，企业领导者就需要将心中的愿景描绘出来，并结合企业的实际形成企业愿景。从这个角度来说，创始人最初的创业信念就是企业愿景的雏形。

什么是愿景？用《星星之火，可以燎原》一文中的话来说即："它是站在海岸遥望海中已经看得见桅杆尖头了的一只航船，它是立于高山之巅远看东方已见光芒四射喷薄欲出的一轮朝日，它是躁动于母亲腹中的快要成熟了的一个婴儿。"

没有愿景的企业固然可以存在，甚至得到一时的发展，但是，这样的企业很难得到市场的认可，无法获得高估值，注定不能位居世界前列。企业愿景彰显了企业存在的意义，它犹如黑夜中的北极星，指引着企业前行的方向；它是企业做大估值的基石，是企业长久发展的基础。几家优秀企业的愿景如下。

腾讯愿景：最受尊敬的互联网企业。

小米愿景：和用户交朋友，做用户心中最酷的公司。

蒙牛愿景：以消费者为中心，成为创新引领的百年营养健康食品公司。

联想愿景：以产业报国为己任，致力于成为一家值得信赖并受人尊重，在多个行业拥有领先企业，在世界范围内具有影响力的国际化投资控股公司。

每年大雁南迁时，有飞到终点的，也有半路掉队的。掉队的不是因为迷了路，而是南迁途中的诱惑太多。同样，在漫长的发展过程中，企业也会遇到各种问题与困境、选择与诱惑。如果企业领导者不能坚定心中的信念，如果企业愿景不能发挥凝聚人心的作用，那么企业将很容易误入歧途，永远到达不了胜利的彼岸。

当然，企业愿景不是一成不变的，需要随着企业和时代的发展做出相应的改变。这一任务自然而然就落到了企业领导者的肩上。但无论变与不变，企业领导者都要制定明确的企业愿景。企业愿景就像一幅画，那是企业全体人员心中美好的向往。

⊙ 愿景型领导，铸强悍团队

什么样的领导者是最成功的？在美国领导力学家玛丽·帕克·弗莱特看来，"最为成功的领导者能够看到尚未变成现实的图景。他能够看到自己当前的图景中孕育生发却仍未露头的东西……最重要的是，他要让周围的人感觉，这不是他个人所要达到的目的，而是大家的共同目的，出自整个团队的愿望和行动"。

简而言之，一位卓越的领导者懂得如何将愿景推销给团队，并且能够让团队成员在感受到愿景、使命或目标的召唤的同时，愿意为其实现付出巨大的努力，从而铸就强悍的团队。毫无疑问，马云就是这样一位卓越的愿景型领导，在他的带领下，千亿美元市值的阿里巴巴帝国诞生了，天猫、蚂蚁金服等独角兽企业也相继出现在公众的视野。

当时间倒退至 1999 年 9 月，彼时的阿里巴巴刚刚成立。创业初期，凭借人格魅力，马云组建了团队，并将自己的信念传播到团队中，增强了团队成员的使命感。然后，他提出了三个目标，即建立一家生存 102 年的公司；建立一家为中国中小企业服务的电子商务公司；建成世界上最大的电子商务公司，并进入全球网站排名前十。这在当时虽是"狂言狂语"，却使团队成员对公司的未来有了美好的期许，激发了团队成员的斗志。

如果说高度认同企业愿景的人是企业发展进步的主要力量，那么基本认同企业愿景的人就是企业发展进步的基础力量，而那些不认同企业愿景的人，则是需要剔除出企业的消极力量。因此，在公司的发展中，为了使不断加入的新成员认同组织的共同愿景，马云在招揽人才时的选择性很强，同时注重团队学习。无论是吴炯、蔡崇信、李琪、孙彤宇等"十八罗汉"，还是孙正义、杨致远等合作伙伴，他们都是马云在共同的愿景之下组织起来的。

为了进一步发挥企业愿景的作用，在马云的主导下，阿里巴巴先是诞生了"独孤九剑"九大价值观，后经修改又诞生了"六脉神剑"六大价值观。2019年9月10日，随着马云正式卸任阿里巴巴董事局主席，延续着阿里巴巴传统价值观的"新六脉神剑"价值观也正式对外公布。

总而言之，在马云的带领下，不仅团队成员实现了梦想，实现了自我超越，而且阿里巴巴也在一步步发展中做大了估值，并成为上市企业，完成了华丽的蜕变，创造了中国互联网企业发展的奇迹。

愿景型领导在很大程度上设置与规定了企业发展的战略方向。与此同时，为了鼓励员工接受改变，进行战略变革的原因也会被愿景型领导阐明。因此，愿景型领导是企业进行战略变革的关键。

当中层管理者与高层管理者战略愿景一致时，中层管理者参与愿景型管理的程度越高，企业员工对企业发展战略的了解越深，战略变革的进行越顺畅。反之，当企业中层领导者与高层领导者的战略愿景不一致时，愿景型领导起到的积极作用就会大打折扣，甚至消失，以至于出现负面影响，战略变革也将以失败告终。

因此，企业领导者必须注意，愿景型领导并非于企业发展百利而无一害，它是一把双刃剑。是否需要对企业管理者进行愿景型领导力培养，如何进行愿景型领导力培养，都需要企业领导者认真思考，反复斟酌。用得不好，企业的发展将会受到极大阻碍，遑论估值的提升、长远的发展。

第二节　压力为源，创造重生奇迹

登高固然可以"一览众山小"，欣赏到山顶的绝美风光，然而，如果无法承受"高处不胜寒"的压力，结果只能是被压力的恐惧笼罩，慌不择路，四处溃逃。在压力面前，冠军领导者从来不会逃避。他们总是直面压力，与压力同行，与压力共舞，带领企业在一次又一次的涅槃中重生，使企业估值逐步攀升。

⊙ 直面压力，化压力为动力

如果你有一根一球棒，一颗棒球正迎面快速飞来，马上就要重重砸到你的身上，你会做出什么反应？没有经过棒球训练的普通人很可能会躲避棒球，忘记手中还握有可以用来击球的球棒。相反，练习有素的运动员则会做出完全不同的反应。他们会张大双眼，聚精会神盯住棒球，在最合适的瞬间挥动手中的球棒，狠狠将球击回。

在人们日常的工作和生活中，那颗迎面而来的棒球好比压力。压力是现代社会中被频繁提及的一个词语，困难、问题、挫折等往往是压力形成的前奏。无论是普通的上班族还是赌上身家的创业者，他们都面临着来自方方面面压力的袭扰。而作为企业的领导者，更是时时刻刻都会面对这样的压力。

通常，人们在面对压力时会有两种基本反应：逃跑与进攻。逃跑意味着在压力的面前，因为过分担心、害怕，惶惶不可终日，继而丧失了解决问题的能力，最终被压力吞噬。进攻则意味着直面压力，想方设法化解压力，化压力为动力，与压力同行。

压力的存在与出现不可避免。因此，能否正确看待、对待压力是极为重要的。一方面，压力可以迫使人们正视环境的挑战，进而高效能地开动大脑，仔细思考不同的选项，并做出最终的决策。另一方面，没有压力，人们就容易失去前进的方向和动力，很难取得进步。

优秀的领导者能够克服压力带来的心情上的起伏。他们不会赋予压力过多的感情色彩，而是从客观的角度出发，看准压力，进而解决压力。在企业平稳向好发展时，他们会为自己施加适当的压力。适当的压力可以激发人保持最佳状态。压力使人专注，专注令人高效。

20世纪90年代，曾经的"中国烟草大王"褚时健跌入了人生的谷底。然而，他并没有就此一蹶不振。相反，尽管病痛缠身，尽管"家破人亡"，他仍旧在70多岁高龄时踏上了创业之路，并成就了后来的"褚橙"品牌，创造了触底反弹的商业奇迹。

在著名军事将领巴顿看来，一个人是否成功，不在于他登到顶峰的高度有多高，而是要看他跌到低谷时的反弹能力有多强。这强调的正是一个人的抗压能力。企业领导者必须修炼强大的抗压能力，在压力中收获成长，带领企业提升估值，走向更远的未来。

⊙ 不骄不躁，乐观对待压力

随着市场经济的快速发展，现代商业竞争也日趋激烈。无论是依旧奋斗在前线的老一代企业家，还是充满雄心壮志的新一代青年企业家，他们承受的压力也与日俱增。在这种情形下，承受着更大压力的优秀企业家们没有把压力当成负担。反过来，他们以乐观积极的态度对待压力，在压力中激发着自己的潜力。即使负重前行，他们也会向阳而生。

成立于2014年的北京市商汤科技开发有限公司（以下简称"商汤科技"）在短短六年之中已经实现华丽的蜕变，不仅成为人工智能行业明星级的公司，而且成为全球最大的AI独角兽企业。2019年9月，商汤科技估值已经超过了70亿美元。

独角兽企业是耀眼的，同时也是孤独的，管理独角兽企业的CEO更是孤独的。作为商汤科技的联合创始人兼CEO，曾经只是科学家的徐立肩负着重大的责任。

在外界看来，商汤科技另外一位创始人汤晓鸥是一个"被AI耽误的脱口秀大师"，而徐立则是AI界的段子手。例如，在一次访谈中，徐立被问到了从科学家向CEO的身份转变。当时，徐立讲起了段子："我的导师在做学术，我的导师的导师在做学术，我的导师的导师的导师的导师还在做学术，随便在哪里都能碰到我的大师叔、太师叔……"

压力可以迫使人不断前行。但是，徐立却认为自己没有必要时刻保持焦虑的状态。因为在他看来，企业的发展之路总是崎岖坎坷的，作为公司的领导者难免会做出错误的决策。即使在大浪潮下，也有可能做出完全错误的决定。在这种情况下，过多的焦虑会使人"变形"，也不利于企业的发展。

徐立认为，作为公司的CEO必须享受管理企业的过程，这样才能使企业得到最好的发展。对于企业存在的价值，徐立有自己的看法。他认为企业存在的价值有两个，一是给社会带来最大的价值，二是让自己长期、稳定地活下来。基于这两个框架，他认为"把企业玩得越精彩，自己的体验就会越好"。

对于商汤科技的发展之路,积极乐观的徐立可以说是成竹在胸。从最初的储备人才、加大技术投入,到2015年的首次尝试商业化,再到后来的国际化尝试、重点实现产品化和规模化,商汤科技所走的每一步都是经过深思熟虑的。

徐立是金庸武侠小说迷,尤其喜爱武侠人物杨过。既乐观又踏实的徐立与杨过有着相似之处。他们同样有着深厚的内功,同样卸下了沉重的包袱。他们不焦虑,在沉稳中迎接着未知的风浪。徐立身上所展现出的正是青年一代企业家真实且乐观、敢赌敢拼的精神。

⊙ 重新定义,与压力共舞

面对层出不穷的压力,企业领导者该如何提升自己面对压力时的反脆弱性,进而爆发出更大的潜力?

首先,要胸怀宽广,豁达大度,不斤斤计较。企业领导者要不断丰富自己的内心世界,以更加宽厚的态度对待身边的人和事。面对不可知的未来,领导者要保持积极乐观的心情,坚信未来是光明美好的。面对集体,领导者要主动融入,不能将自己封闭起来。集体的力量是强大的,集体的关心和温暖将使领导者的心情更加愉悦,胸襟更加开阔。

其次,要热爱生活和工作,执着追求。当领导者能够对工作和生活保持足够的热爱时,就能够以无所畏惧的勇气面对压力,从而承受住来自各个方面的压力。热爱能够将压力化为动力,将应付化为自觉,将痛苦化为美好。

再次,当压力出现时,不要逃避,要直面压力,坚定信念,相信自己可以战胜困难。要做到这一点,领导者就要建立起强大的自信心。自信心是消除压力的重要心理素质。在自信心的支持下,领导者才能朝着既定的方向不断前进。

　　最后，要通过科学的方法来抵抗压力。例如，在压力面前，领导者要有意识地提高忍耐力。面对压力时，领导者要提醒自己不能被压力打败，不能惊慌失措，不能心生畏惧。当领导者承受住一次又一次的压力之后，抗压能力也会得到提升。另外，通过分散注意力，将注意力从压力身上转移至令自己快乐的事物，重拾信心，也是一种抵抗压力的有效方法。

　　在企业曲折的发展之路上，如果领导者无法承受压力，总是被压力打败，又怎么能带领员工顺利渡过难关？提高抗压能力是领导者对自己身心健康负责，更是对企业全体员工、对企业未来发展负责。

第三节 学习为核，进阶完美人生

作为一个独立的个体，每个人都需要通过不断学习来提高自己的认知与能力，跟上时代发展的步伐。作为企业的掌舵者，领导者更加需要在学习中一步步深化对自己的了解，形成自己的风格，从而做出有利于企业发展的最佳决策，做大企业的估值。

⊙ 认识自己，才能做最正确的事情

在希腊德尔斐神庙的石碑上刻有三句箴言，其中最有名的是第一条：认识你自己。从某种程度上来说，认识自己是最困难的事。由于各种因素的影响，许多人终其一生都无法真正知道自己是谁。人们对自我的认知没有终点，永远处在无尽的探索之中。因此，正确认识自己是一项能力，更是一种智慧。

对于企业领导者而言，认识自己是必不可少的能力和素质。从古至今，从国内到国外，大凡取得一些成绩的企业，其领导者也都以鲜明的行事风格为世人所津津乐道。在领导者的带领下，企业往往也会形成与领导

者品质相似的企业文化。例如，没有人会否认，为用户提供极致体验的苹果被深深打上了追求完美的乔布斯的烙印。同样还有马云之于阿里巴巴、李彦宏之于百度、任正非之于华为等。

毫无疑问，他们是当之无愧的冠军领导者。他们之所以能在一个行业中取得骄人成绩，其中一个重要的原因就是，他们对自己有着正确的认识，并且在反复的实践中不断加深对自己的认识。他们知道自己是谁，从哪里来，要去往哪里。

能够正确认识自己的领导者会构筑起自己的独特风格，从而将竞赛引导至对自己有利的方向。换言之，企业领导者能将企业引导到最有利的发展轨道，进而取得商业竞赛的胜利。具体而言，这样的领导者在以下两个方面有十分出色的表现。

一方面，能正确认识自己的领导者善于发现自己的特色。正所谓："金无足赤，人无完人。"优点与缺点就像一对孪生兄弟，总是同时存在。具备认识自己能力的领导者，能够在最大程度上排除外界因素的干扰，进而辨识出自己身上的优缺点，实现扬长避短。他们懂得摈弃自己的缺点，不断强化优点；他们不讳疾忌医，而是主动克服缺点。

另一方面，能正确认识自己的领导者懂得接受与立异。他们会接受自己"身上不会改动的东西"，找到与之共存的方式，而不是简单地将之归纳为自己的缺点，从而做出徒劳的克服缺点的举动。他们能根据自己的特色与需求，发明创造出新的事物，如新的技术、新的商业模式等。

总而言之，领导者对自己的认识越深，领导者的能力才能"更上一层楼"。领导者的能力越强，企业的发展之路越远，企业的估值越高。

⊙ 进阶与蜕变，从第一层楼到第五层楼

从呱呱落地到咿呀学语，从蹒跚学步到独立前行，从稚气未脱到心智

成熟，成长是一个过程，人们对自己的认识更是一个不断深化的过程。没有人能从一开始就完全认识自己。作为企业的领导者，必须在实践中深化对自己的认识，进而带领企业走向更加广阔的未来。

李想，北京车和家信息技术有限公司（以下简称"车和家"）创始人及CEO，80后创业者代表人物。2019年10月21日，胡润研究院发布《2019胡润全球独角兽榜》，其中，车和家以150亿元的估值排名第138位。自2015年7月正式成立至今，车和家在短短几年内完成了估值的巨大蜕变，这无疑与其创始人及CEO李想有着密不可分的关系。

自放弃高考投身创业至今，李想先是创立了泡泡网——中国最具权威性与影响力的IT垂直互动门户网站之一，随后又创立了汽车之家——全球访问量最大的汽车网站。可以说，李想创业的脚步从未停歇，他是一位终身成长的忠实践行者。

在持续不断的创业中，李想总能从失败中汲取教训，从成功中总结经验，进而展现出了一种旺盛的自我进化能力，即在不断的成长过程中，李想既加深了对自己的认识，又提高了对世界的认知。按照李想自己的体会和总结，创业至今的20年间，他一共经历了五个楼层。

处在第一层楼的李想是一名普通人。18岁之前，作为一个学生，李想的学习成绩中下等。在旁人的眼中，李想的未来似乎注定平淡无奇。李想自己也和周围的许多同学一样随波逐流，没有采取改变命运的实际行动。

处在第二层楼的李想意识了到自己的现状，他不想被人看不起，于是选择创业，努力成为一个优秀的人。2000年，李想注册泡泡网并开始运营。在他的努力之下，泡泡网在中国互联网行业中独树一帜。然而，由于缺乏团队管理能力，李想在22岁时开始了第二次创业——汽车之家。

处在第三层楼的李想努力向成为一个优秀的管理者进发。在汽车之家的成长发展中，李想开始注重对人的管理。在企业的组织管理过程中，他总能快速发现把事情做好的人和有潜力的团队成员。在他的带领下，高效率、有目标的团结作战使汽车之家得到了快速发展。

处在第四层楼的李想致力于成为一个优秀的领导者。2007年，秦致加入汽车之家。通过与秦致的合作与相处，李想对更高级别的管理有了进一步的认识——一个领导者不需要让自己什么都懂，什么都会，重要的是找到更多优秀的管理者，并且帮助他们不断提升自己。

成为一个顶尖的领袖，是李想对第五层楼的认知，也是李想当下的努力方向。在李想看来，顶尖的领袖是这样的：制定精准的战略、充分发挥团队中每个人的价值、帮助团队制定清晰的使命愿景和价值观等。

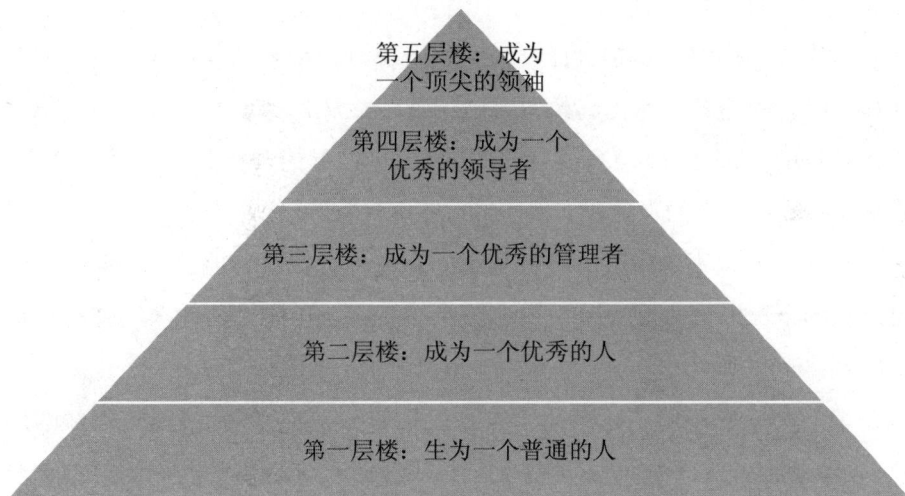

第五层楼：成为
一个顶尖的领袖

第四层楼：成为一个
优秀的领导者

第三层楼：成为一个优秀的管理者

第二层楼：成为一个优秀的人

第一层楼：生为一个普通的人

图 5-1　五个楼层示意图

三次创业经历为李想带来的不仅仅是阅历的积累、物质的满足，更重要的是，在这曲折的创业道路上，李想加深了对自己的认识，一步一步提高了认知的楼层，也为车和家的进一步做大、做强奠定了坚实的基础。

⊙ 不断修炼，加深自我认识

在纷繁复杂的现代社会中，企业领导者该如何摆脱外界因素的影响，加深对自己的认识？沃伦·本尼斯是美国当代杰出的组织理论、领导理论大师。在他看来，领导者要想认识自己至少需要做到以下四个方面。

首先，要认识到"你是自己最好的老师"。诚然，领导者需要学习和掌握的东西有很多。在这个永无止境的学习过程中，外在的老师固然必不可少，个体内在的体会与感悟更加难得。最了解自己需求的人永远都是自己。领导者要进一步通过学习不断缩小"自己是谁"与"自己应该是谁"之间的差距。

其次，不抱怨，承担责任。当问题出现时，怨天尤人永远是错误的态度和做法。领导者要承担起教育自己的责任，从自身出发寻找原因，积极弥补自身的不足之处。发现需要弥补的不足，不能责怪其他人或者社会，要承担起教育自己的责任。

再次，要以不畏失败、积极乐观的态度，满怀信心地学习任何自己想要学会的事，以两种眼光——"它是什么"和"它能够是什么"来看待这个世界，而非单纯地吸收一些知识，或者掌握一门学科的知识。

最后，反思经验。正所谓"温故而知新"，反思经验能给人以新的启发，是一种十分有效的学习方式。领导者要学会在正确的时间问自己正确的问题，并从中发现真相，这一点尤为重要。

认识自己是冠军领导者关键能力中最基础且最重要的一项。企业领导者要想将企业估值做大，势必要不断加深对自己的认识。认识自己从来都不是一蹴而就的，这是一件需要终身践行的事。

第四节　信任为本，凝聚团队智慧

早在两千年以前，以项羽自刎乌江、刘邦建立西汉王朝而落下帷幕的楚汉之争表明，一个人的战斗能力再强，终究敌不过一群人的力量与智慧。而要充分发挥团队中每个人的力量与智慧，一个重要的前提和基础就是相互信任。没有信任，就没有所谓的团队合作。

两千年之后的今天，深谙团队合作之道，能够给团队成员以信任，也是冠军领导者必须具备的和需要不断提升的关键能力。

⊙ 团队协作，以信任为本

在一场激烈的篮球比赛中，"交战"双方队员你来我往。影响球队获得最终胜利的因素有哪些？作为球队的主力，减少传球的次数、独占竞赛的控球权是否是明智之举？

科比·布莱恩特，是前美国职业篮球运动员，美国职业篮球联赛最好的得分手之一，绰号"小飞侠"。在职业生涯的前半段，投篮实力出众的科比很少在赛场上传球给实力不如自己的队友。这种"独行侠"风格使他和他所在的湖人队在2007–2008赛季总决赛输给凯尔特人队，丢掉了这一赛季的总冠军。

之后，科比不再独占竞赛的控球权，同时，他大幅度提高了传球和无球助攻率。在他的带领下，湖人队蝉联了2008–2009、2009–2010赛季美国职业篮球联赛总决赛的冠军。懂得信任他人的科比也成为一位实在的领导者。

在篮球赛场上，传球给队友意味着信任，在企业管理中，"传球"则意味着授权。这种授权建立在信任的基础之上。正如彼得·德鲁克在《21世纪的管理挑战》中所说："组织已不再建立在强权的基础上，而是建立在信任的基础上。人与人之间相互信任，不一定意味着他们彼此喜欢对方，而是意味着彼此了解。"

信任可以给人以尊重，进而加强团队成员之间的友好关系，有效提高团队的工作效率和执行能力。最优秀的团队不一定最聪明或者技术最好，却往往彼此信任并友好相处，团队氛围十分和谐。

信任是一件难事，因为信任的主体"人"是一个极其复杂的变量。然而，给予信任又是企业领导者必须具备的能力。对于信任，冠军领导者从不吝啬，他们信赖团队中的每一个成员，并能将信任与时机、决议计划权等一并交付。

企业领导者给予的信任绝对不是盲目的，而是基于其正确的判断。换句话说，企业领导者对团队成员的信任也是信任自己的表现。他们相信自己的判断是正确的，他们知道任务该交给谁，他们相信自己有能力帮助团队成员克服困难，完成任务。

⊙ 互信互赖，创发展神话

在现代企业管理中，信任是珍贵而缺乏的。在大大小小的企业中，因为缺乏信任而导致的问题层出不穷。无论是由此造成的团队成员之间互相猜忌和斗争，还是沟通不顺畅、信息不对等等问题，都会导致企业内耗严重的后果。在这种情况下，企业是无法得到发展，进而做大估值的。

相反，一些优秀的企业领导者凭借信任的加持，在将企业估值做大的同时使企业成功上市，创造了价值倍增的神话。黄铮与在其带领下的拼多多就是其中的典型代表之一。

黄铮，拼多多创始人、董事长兼首席执行官。截至 2019 年 9 月，拼多多市值首次突破 400 亿美元大关。毋庸置疑，拼多多之所以能从社交电商的夹缝中另辟蹊径闯出一番天地，离不开黄铮对团队的信任。

在公司管理上，黄铮曾这样表示："CEO 的职责不是执行，而是要找到一条雪程很长的坡道，然后在雪球从雪道上滚下来时，看雪道上有没有大的障碍物，如果有就把它挪开。雪球滚起来的时候，尽量少地干预雪球本身。"黄铮是这样说的，也是这样做的。作为公司最大的股东，黄铮在公司管理中不碰任何执行细节，给予了团队极致的信任。

在团队架构上，拼多多团队架构相对密封，高层稳固，黄峥身边都是他最亲密可靠的战友，故而公司主要领导者之间有足够的信任，彼此配合默契。例如，拼多多业务主要负责人 Dora 是一位执行力很强的女性领导人。她与高战略性的黄铮实现了完美互补。黄铮负责战投、HR、PR 等，Dora 则向他进行产品汇报，其下分管招商、运营等超过六位高管。

在文化建设上，黄峥提出并多次强调了"本分"这一核心价值观。这里的本分不是指谨慎守己，也不是指朴实善良，而是指各司其职。当企业领导者、员工能够真正做到各司其职时，便表明彼此之间建立了信任的关系。

作为公司的 CEO，黄铮努力使公司内部所有人员的基本价值观保持高度统一。在此基础之上，黄铮负责定目标，其他人负责完成目标。这样的管理风格一直在拼多多延续着。因为，黄铮始终相信团队成员能够将目标达成。反过来，团队成员也相信黄铮做的决定、定下的目标是正确的。如此，坚决高效的管理方式便形成了，拼多多未来的发展也在很大程度上得到了强有力的保障。

⊙ 给出信任，聚强大合力

给出信任是一种能力，企业领导者需要在实际工作中反复锤炼，不断提升自己的这种能力。具体而言，企业领导者在给出信任时可以从以下三方面着手。

第一，说一千遍"我信任你"，不如毫不犹豫地将任务交给团队。企业领导者给予团队信任时可以从向团队移交任务开始做起，当团队成员感受到来自企业领导者的信任时，他们的热情和斗志也会得到激发，强烈的责任感也会促使他们更快、更好地完成任务。

第二，切忌紧紧跟在团队成员的身后，对其工作大包大揽。任务一旦交付出去，企业领导者就不能随意横加干涉。企业领导者应给予他们空间，给他们自由，让他们能够做出自己的决策，否则，好不容易建立的信任将会垮塌。

第三，做好助攻工作。仅仅交托信任是不够的，企业领导者还要协助团队成员完成任务，做给他们提供力量和耐力的后盾。当计划出现偏离，或者任务超出最后期限仍旧没有完成时，大加指责是毫无益处的。这时候，企业领导者应站出来鼓舞士气，表达自己的支持，并帮助他们改变计划，制定新的计划，从而将任务完成。

在足球竞技场上，要想获得比赛的胜利，就要做到"11个球员踢球像1个人踢球"。在商业竞争中，企业领导者要想使企业在残酷的优胜劣汰中存活下来并得到长久的发展，就不能独揽大权，掌控一切，必须给予团队信任，交托任务。否则，团队成员很难诚实坦率地对待彼此，团队协作问题频出，效率低下，提高企业估值的道路也将荆棘满地，企业步履维艰。

第六章

五个亿——现金流量的"步步生莲"

"一分钱难倒英雄汉",这句话对企业来说再合适不过。在企业的经营和发展过程中,每一个环节都离不开现金,现金流就是企业持续流动的"血液"。一旦现金流断裂,企业将会面临不同程度的破产风险,事实上,大部分的企业正是因此而破产的。

从企业发展的角度来看,现金流甚至比资产、利润更加重要。即使企业的产品和服务在市场上表现良好,但如果在现金周转和调度上出现问题,造成现金流紧张,就有可能导致企业生产经营活动停滞。同时,企业如果丧失了相应的偿还债务能力,那么企业长久以来精心维持的商业信誉将会一落千丈,最终企业将面临严重的生存考验。所以,在激烈的市场竞争中,企业要想生存和发展,就必须对现金流量加以重视。

第一节　现金支付能力至关重要

从投资的角度来看，一个企业的估值上限取决于它的商业模式和企业愿景是否符合市场发展方向，估值下限就取决于这个企业的现金流是否充裕。那些获得高估值的企业不仅仅是因为具备良好的商业模式和远大的企业愿景，还因为在现代货币制度和企业制度下，拥有一定的现金支付能力。

但是很多时候，人们只关注到企业估值的上限，投资人总会被企业的商业模式所吸引，被经营者描绘的企业愿景而打动，却对企业的现金支付能力缺乏一定的重视。殊不知，许多看似蒸蒸日上、风头正劲的独角兽公司，因为经营管理能力不足导致现金流断裂，最终落得破产清算的下场。反之，企业如果能够保持良好的现金流，就具备连绵不绝的价值创造能力，对投资人来说就具备不错的投资价值。因此，企业经营者必须意识到，企业的现金支付能力至关重要。

⊙ 现金流量——企业流动的"血液"

现金是企业进行一切生产经营活动的前提，为了生存和发展，企业必须依靠现金来支付各种开销。当企业通过产品和服务获得现金后，现金将用于偿还债务和扩大企业经营规模。这时我们可以发现，现金的流入和流出是一个动态的过程，企业的现金流量就像支撑企业不断运转的流动"血液"，源源不断地为企业输入营养。

现金流量是指企业在经营过程中现金流入和流出的数量，这里的"现金"指的是西方会计中的现金概念，它不单单包括各种货币现金，还包括一些短期投资等非货币资源的变现价值。

图 6-1　现金流量

在对企业进行估值的时候，现金流量是重要的参考指标，因为企业的日常经营活动都会反映在企业现金流量的变动之中。通过企业现金流量，能够知晓一家企业的经营状况如何，是否拥有足够的偿还债务能力，以及企业资产变现能力，等等。

在企业经营扩张时，现金流量是强大的资源保障。现金流量是企业维持企业经营活动必不可少的保障，也是维系企业生产经营的"血液"。企业经营是一个螺旋上升的过程，不论是购买材料、租用场地、雇用员工，还是生产产品及销售产品等，几乎企业的每一个生产环节都离不开现金，这就对企业的现金支付能力有一定的要求。企业用初始资金开展经营，获取一定的利润后，就可以用其购买更多材料或者扩大生产规模，如此循环向上，企业才会不断发展壮大。

在市场环境中，现金流量是企业流动性的决定性因素。企业的现金并不是银行金库里躺着不动的黄金，而是在不断地流入和流出。企业正是通过现金流量的循环来保障资金的流动性。

因为经营因素的复杂性和不可确定性，企业可能有时会陷入只有现金流出却没有现金流入的僵局，无论是产品销量降低还是应收账款没有到账，这都意味着企业无法让现金顺利流动，也就无法顺利偿还企业自身的债务。倘若企业长期无法摆脱这个局面，将会面临较高的财务风险，最终将会因无力偿还债务而最终走向破产清算的结局。实际上，现金流动问题是导致许多企业破产的主要原因。

现金流量在企业经营管理中无处不在，它反映出企业各种经济资源产生的收入情况，还透露出企业各项支出；不仅揭示了企业的偿还债务能力，而且反映出了企业的现金支付能力；不仅向投资人和债权人展示企业的经营成果，而且能展示企业投资所获得的回报。集如此多的关键作用于一身，因此在如今的市场中，现金流量已经成为企业经营管理的重点。

⊙ 掌握企业经营命脉

在企业财务管理中，企业的现金流量管理能力的高低直接影响企业能否持续提高企业的估值。那些能够维持现金流入和现金流出数量基本平衡的企业，往往更能获得投资人和债权人的青睐。因此，进行企业现金流量管理，构建一个健康而良好的现金流至关重要。企业可以从以下几方面入手：

编制现金流量表，为合理安排公司现金的流入和流出提供信息依据。现金流量表是企业的"验血报告"。作为企业财务报表的重要组成部分，它能够反映企业的现金状况，提供企业有关经营、投资和筹资三大业务的现金流入和流出信息。现金流量表还是企业合理管理现金的重要参考，因为通过现金流量表，企业既可以通过过往的现金流量确定企业还需增补多少资金，知晓企业的债务偿还能力和分配利润能力，还能同其他财务报表进行比对，分析出企业的净利润和现金收支净额之间的差距，以及产生差距的原因。因此，现金流量表是企业进行现金流量管理的重要信息依据。

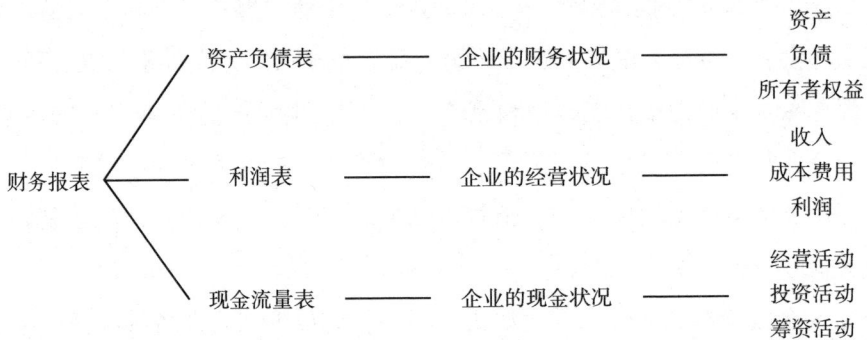

图 6-2　企业财务报表构成

强化现金流量管理意识。企业的现金流量是估值的重要指标，也是判断企业财务风险的重要依据，因此，企业要着力培养经营者的现金流量管理意识。首先，企业经营者要意识到企业的现金流对企业运转的核心动力作用，企业的决策应该立足于企业的经营现状。也就是说，经营者不应当在企业现金流不佳的情况下贸然推进较大的新项目，也不应当以牺牲长远的现金流量来改善短期的利润状况。这就需要企业经营者在企业发展目标和现金流量现况之间找到平衡，只有这样，才能实现企业价值最大化。不仅企业的经营者，企业的员工也要意识到企业现金流的重要性，因为现金流量不仅涉及财务部门的工作，它涉及企业运转的多个环节和多个部门，因此各部门、各层级的员工都应当进行充分的沟通，达成共识。

灵活融资，巧妙投资。企业在经营过程中难免会遇到资金短缺的情况，如果能够灵活运用多种融资渠道，就能让企业尽快走出资金困境。融资的渠道有很多，可以通过银行获得贷款、寻求合适的投资人、发行一定量的股票，或者出售企业闲置资产，等等。需要注意的是，经营者要根据企业自身发展情况和企业的未来规划，对各种融资方式进行交叉对比，选择最合适的融资方式。当企业营收良好、现金充足的时候，可以将一定的现金用于短期投资，创造出更多的现金收益。

重视资金链管理，加强成本管理。企业的现金在经营的过程中不停地流入流出，倘若现金流出但是应收账款却没有如期流入，就会导致企业的资金链断裂，这将直接关系到企业的生死存亡。因此，企业要尽量缩短现金周转期，精简收账流程，尽快回收应收账款，避免企业陷入资金链断裂的危险境地。同时，要注意到企业的各项开支都会对企业的现金流量管理产生一定的影响。企业应当合理评估企业各项开支，加强成本管理。

总的来说，在企业的经营管理过程，提高对现金流量的重视程度和管理能力，对企业防范财务风险、促进企业持续发展有着重要的作用。企业发展离不开现金，企业的持续经营也离不开良好的现金流量管理。现金是企业生存和发展的"血液"，只有保证企业"血液"充足且顺利流动，企业才能健康发展，为提高企业估值提供充足动力。

第二节　现金流是企业的生命线

现金是企业生存的"血液",现金流就是企业的生命线。现金流决定了企业的价值创造能力和市场生存能力,还能从侧面反映出企业的市场价值,在资本市场上,具备健康、良好的现金流是企业获取高估值的必备因素。

⊙ 让现金流动起来

企业经营的目的是实现利润最大化,因此多数的企业在经营管理过程中都将利润视为最重要的经营指标,企业的资产负债表和利润表也是经营者最为重视的两大参考数据。但是企业经营不是一个获得盈利就能一直发展壮大的简单公式。

从企业的生存角度来说,现金流远比盈利更重要。因为企业在丢失一笔生意或者损失一个客户后,尽管盈利受损,仍然能够保持运转。但是企业如果没有了可以周转的资金,即使企业的生产订单排到明年,拥有数量庞大的应收账款,还是会因为现金流量管理不到位而陷入经营困难。

许多大型企业创造了高额的利润,却因为可支配的流动资金不足,无法承担企业快速扩张而产生的巨额成本支出和名目繁多的债务费用，最终因缺乏现金维持经营而无奈申请破产。

大型企业尚且如此，小型企业在现金流断裂的情况下破产更是屡见不鲜。举一个常见的例子，一家初创企业在进入行业之初，为了尽快建立竞争优势生存下来，和其他同行展开低价竞争，最终争取到大量的客户。然而这家企业在产品生产销售之后却发现，大量的前期创业成本比如场地、设备和人力成本已经产生，虽然订单也不断涌入，但是应收账款却始终不见踪影，最终资金链断裂，很快这家企业就倒闭了。

这样的企业有很多，他们没有输给对手，却败给了现金流。至于那些能够进行科学现金流量管理、打造良好健康的现金流的企业，可以获得持续、稳定的发展。企业市值名列全球前列的亚马逊公司，就是这样独特的存在。亚马逊常年处于亏损或者微利，却打破了人们对企业经营的固有印象，市值一路攀高，成为世界一流的互联网商业巨头。

这是因为亚马逊虽然一直亏损，但是企业的现金流一直为正，而且在商业模式的日益成熟和几轮融资加持之下，亚马逊的现金流具备高资金、高流动和高收益的特点，这也是亚马逊能够实现企业价值增值循环的关键所在。

如果企业现金流量不足，企业只有着重进行筹资活动来确保企业的经营资金。但是当企业的现金流量充足却没有用于投资，资金没有流动起来，企业就会损失一定的投资收益，这也从侧面说明企业的资金利用能力不足。尽管企业具备充足的资金，也进行了一定的投资行为，但是企业的核心业务发展不明朗，经营收益不足，也会影响企业的现金流。到那时，企业反而还要为了应付债款而不得不大规模收回投资以弥补资金的不足。

由此可见，企业可以没有利润，但是不可以没有现金流。流转的现金，就是维持企业运转的血液，充足的现金池可以在扩展新业务、开发新客户、丰富价值链等方面不断为企业发展壮大而助力。

⊙ 高估值的秘密

在消费者群体不断细分以及消费需求不断多元化的今天，企业提供产品和服务的周期也在不断缩短，其丰富性也在不断增加。在这种竞争背景下，现金流动性的高低就决定了企业的运行速度，科学的现金流管理可以使企业保持较好的现金流动性，提高现金的使用效率，帮助企业更快地将初始资金转化为更高的资本回报，进而增强企业的竞争力，帮助企业提高自身估值。

无论是经营者还是投资人，对他们来说，最好的商业模式能产生不竭的现金流。很多破产企业是因为现金流的断裂导致无法及时偿还债务，最终资不抵债无奈申请破产。因此在资本市场上，长期不具备良好现金流能力的企业往往估值较低，即使该公司的年利润表现出色，如果企业在经营过程中对资金的有效管理能力不足，再考虑到企业存在的资金链断裂风险，资本市场往往对这样的企业持谨慎态度。

因此，企业的现金流管理能力将直接决定企业能否获得资本市场的青睐，能否斩获更高的企业估值。

因此，无论是从企业经营发展的角度，还是从资本市场上提高企业估值的角度，现金流的管理都应该成为企业财务管理的核心任务。为了避免企业陷入资金周转困境，企业应当提升对管理现金流的重视程度，尽快建立现金的预算执行及考评制度，对企业资金进行集约化管理。实际上，国际80%以上的上市公司都会对企业进行集中财务管理，目的是在企业可控范围内促进资金的快速流动，合理利用现存资金，减少资本沉淀，尽可能提高企业经济效益。

在充分利用过剩资金的同时，企业还要尽快制定对应收账款的管理制度。不仅要设立专门的部门或者人员回收应收账款，明确的责任分工能够进一步提高回收效率，还要制定一套合理有效的应收账款审批制度，确保企业的每一项业务在审批过程中都合理有效，通过与客户的信用评级标准的配合，能够极大地提升应收账款的真实性和有效性。

现金流管理是企业财务管理的重要支柱，企业的估值高低取决于企业现金流状况和投资者的预期投资报酬率，现金流充足的情况下，投资风险也就相应降低，同时投资者的回报就越高，企业估值就能不断攀升。总的来说，充分认识现金流效用、加强企业现金流管理对企业持续经营至关重要，对企业实现估值最大化有着不可忽视的推动作用。

第三节　资金链断裂即生死一线

管理好企业的资金链，能够为企业的日常经营和管理活动提供稳定并持续的现金流，还能提高企业的抗风险能力，帮助企业应对市场随时可能发生的经营问题。

⊙ 资金链就是企业的生命线

资金链指的是在企业经营运转过程中企业资金流转所组成的循环资金链条，它是由现金到资产，再从资产到现金的循环过程。

企业通过资金筹集获得现金，购买生产材料和设备，这一环节取决于企业的融资能力和融资金额大小；又通过资金使用来生产产品或提供服务构成企业资产，这一环节是企业资金链的核心环节，直接决定了企业的业务经营水平；再通过销售产品与服务获得收入，使得资金回笼，企业得到增值的现金，这一环节中资金能否顺利回笼是能否维持企业资金链持续循环的关键。

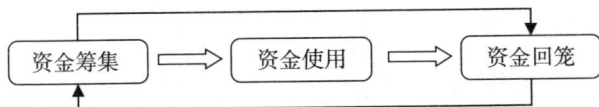

图 6-3 资金链示意

企业要想保持正常运转，就必须要确保企业的资金链循环是良性的。

资金链断裂往往是企业资金供应与需求不匹配造成的，当资金需求大于资金供应就会形成资金缺口，资金缺口未能及时弥补便会导致资金链断裂。而资金链断裂对于企业来说，往往是致命一击。

实际上，资金链断裂往往是由于企业缺乏管理财务风险和调控现金流的能力，其具体表现就是那些资金链断裂的企业一般都会存在企业业务盲目扩张、财务管理不到位、应收账款金额庞大以及库存规模过大等问题。可见，企业资金链断裂是多重因素叠加的结果。所以企业要想实现良好经营和持续发展，必须对其资金链进行科学合理的分析和规划。

⊙ 筑牢企业资金链

现金流对企业有着极其重要的作用，企业拥有现金流量的多寡直接决定了企业应对经营危机能力的强弱。在分析企业资金链断裂产生的原因后，企业的经营者还要掌握提高企业资金链管理能力的方法，以防范和化解企业资金链风险。

以下是资金链管理的几点要则：

1. 从预算开始重视

企业财务预算管理对于合理配置企业资源、防止过高的资金投入有着重要的作用。许多企业往往缺乏合理的财务预算，在上马一个新的项目后，出于各种各样的需要，对新项目不断加码，最终影响到企业其他业务的正常运转，新项目也因为投入过多覆水难收，最终导致资金链紧张。因此，企业切勿忽视对财务预算的管理，对于要使用资金的各项环节都要合理预估，实现合理的现金流量控制和资本支出，这样才能实现经营与效益兼顾，合理优化企业资金，避免因预算过高或者过低而损害企业利益。

2. 加强应收款项的管理

有的企业陷入亏损却能保持良好的发展态势，有的企业利润丰厚却资金短缺，这是因为资金链的情况不同，后者资金链上从资金使用到资金回笼这一环节出了问题。企业生产的产品销售出去了，但是账款却迟迟没有到账，使得企业资金链的运转受到了阻碍，将会影响企业的整体运作。因为企业的应收账款数额过大，长期未能收回，最终企业被拖垮的例子不在少数。

因此，企业要健全应收款的管理制度，明确相关员工的分工和职责，健全审批和借款程序，确保应收款的及时回收，保障资金链的正常流传。不仅如此，还要对客户的信用状况进行分级，确定客户的信用额度，保障赊销账款不高于客户的实际支付能力。当然，客户的信用等级并非一成不变，要对客户的财务状况和近期信用进行追踪和分析，及时调整管理措施，确保企业自身的利益。

3. 提高资金的运转效率

现金只有在流动的过程中才能产生更高的价值，而且其他条件相同的情况下其流转的周期越短，能为企业创造的价值就越高。要让资金流动起来，资金闲置对企业来说没有好处。要提高资金的运转效率，还要注意平衡企业的经营风险和财务风险，盲目扩张对企业百害而无一利，但是适当的融资和投资能够为企业带来丰厚的回报。

资金链中的哪一个环节出现问题，都有可能导致资金链的断裂，而且企业的估值越高，资金链断裂带来的风险就越大。企业的经营者必须对企业的资金链进行科学合理的分析和规划，保持资金链的良好循环，为企业不断提高估值提供充足的动力。

第四节 获现能力的提高是根本

纵观资本市场，资金往往集中投资在现金流强劲的公司，出色的现金流对于企业来说就是一张精致的名片，足以叩开投资人的心门。要实现现金流量的"步步生莲"，提升企业的获现能力是根本，而要提高企业的获现能力，就要从分析企业的获现能力开始。

⊙ 要花钱就要先挣钱

获现能力是指企业在资产增值、投资人投资活动以及各项经营业务中展现出的获取现金的能力。企业获现能力的重要程度与企业的经营管理能力不相上下，企业在经营过程中创造业务收入，取得相应的现金收益。统计企业的经营现金净流量可以直接反映出企业的现金流量大小，并通过对经营现金净流量和其他重要指标的比率进行分析，对企业的获现能力有一个全面而直观的认知。

在分析企业的获现能力的时候，一般会用经营现金净流入与投资资本的比值来展现企业获取现金的能力，其中主要包括销售现金比率、每股经营活动现金净流量和全部资产现金回收率这三个指标，指标比值越大，说明企业的获现能力越好。

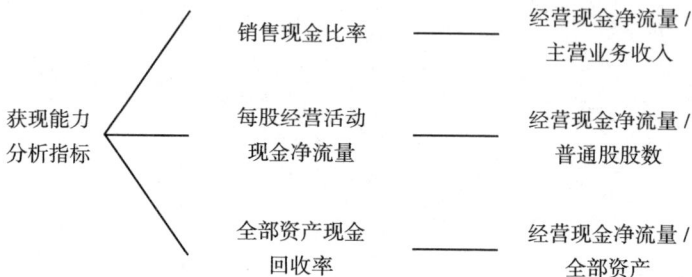

销售现金比率 ——— 经营现金净流量 / 主营业务收入

获现能力
分析指标

每股经营活动
现金净流量 ——— 经营现金净流量 / 普通股股数

全部资产现金
回收率 ——— 经营现金净流量 / 全部资产

图 6-4　分析获现能力的三个指标

　　销售现金比率指的是企业经营活动现金流量净额与企业销售收入的比值。假如 Z 企业的销售收入为 1980 万元，经营活动现金流量净额为 891 万元，那么 Z 企业的销售现金比率 =891÷1980=0.45。在分析销售现金比率时，当该指标约等于 1 时，说明企业的销售收入与收到的现金总额基本持平，企业现金流状况良好；当该指标小于 1 时，说明企业账面收入的现金大于企业实际收到的现金，指标越低说明企业的获现能力越低；当该指标大于 1 时，说明该企业不仅销售收入较高，而且其销售收入所增加的资产转化为现金的效率和质量都较高，是企业理想的经营状态。总之，销售现金比率是体现企业获现能力的重要指标，该指标的数值越大，说明企业的获现能力越强。

　　每股经营活动现金净流量指企业经营活动现金净流量与股份总额的比值，这个比值反映了企业的现金流对企业资本的贡献程度，对于上市公司来说，还能反映企业支付股利的能力。比值越大，说明企业的资金支配能力和支付能力越强。如果该比值低于企业的现金股利，说明企业的现金流吃紧，需要借款分红，这往往说明企业需要承担不同程度的财务风险。

全部资产现金回收率指的是企业经营现金净流量与全部资产的比值。这一指标反映出企业的所有资产制造现金的能力，比值越大说明企业的资产使用效率越高，获现能力越高，创造的现金流入越高。在资本市场上，这一比值的高低也从侧面反映出企业经营管理水平的高低。还是以 Z 企业为例，假设 Z 企业的经营活动现金流量净额为 899.6 万元，全部资产总额为 9876 万元，那么 Z 企业的全部资产现金回收率 =899.6÷9876×100%=9.1%。这一指标可以同 Z 企业的历史指标对比，能反映该企业获现能力比过去是否提升；与同行业的平均资产现金回收率对比，能反映出该企业在行业中的获现能力高低。

销售现金比率、每股经营活动现金净流量和全部资产现金回收率共同组成了分析企业获现能力的三个重要维度。从现金流角度分析企业的获现能力，可以从多个角度全面分析企业的财务状况和经营业绩，让企业对自身的获现能力有一个客观的认知，从而为有针对性地提升企业的获现能力打下基础。

⊙ 提升企业获现能力

企业的获现能力与企业的偿还债务能力、支付能力息息相关，通过提升企业的获现能力，可以从现金流的角度帮助企业规避财务风险，增强企业的偿还债务能力和支付能力，避免经营收入增加而现金短缺的局面，提高企业经营管理水平。

企业获现能力的提升，一要提高现金流动性。现金流动性指的就是讲资产转变为现金的能力，企业需要主动提高现金的流动性，以提升将资产转变为增值现金的能力。这就需要企业提高现金流入数量，合理调节现金流出，在现金的持续流动中不断产生增值收益。

企业获现能力的提升，二要增加财务弹性。通过分析企业经营现金净流量和企业债务关系，可以得出企业的现金流动负债比 [①] 和现金债务总额比 [②]。对于企业来说，这一指标越高，企业的偿还债务能力越强。但是需要注意的是，这一指标并非越高越好，因为企业偿还债务能力同现金流动性成反比，企业的现金流入如果只关注于偿还债务，就会降低企业的财务弹性，对企业提高收利质量毫无益处。

企业获现能力的提升，三要提升收益质量。企业要提升收益能力和收益质量，就需要增加经营现金净流量、减低成本支出和规避财务风险。在同一行业中，如果企业的全部资产现金回收率高于同行业平均比率或者主要竞争对手相关指标，就意味着企业的收益质量更高，企业获现能力也就更高。

现金流比企业利润更能反映企业的收利质量，企业的获现能力直接决定了企业的生存能力，在"现金为王"依旧被奉为商业圭臬的今天，现金流依旧是企业估值的重要参考指标。

---

① 现金流动负债比 = 经营现金净流量 ÷ 平均流动负债
② 现金债务总额比 = 经营现金净流量 ÷ 平均负债总额

第七章

六个亿——超级品牌的"IP 密码"

市场竞争越发剧烈，产品同质化现象严重，同类产品的可替代性强和国际品牌的冲击等外部因素让企业发展越发艰难；人才流动性大，组织结构面临挑战，市场的分裂与不稳定性等内部因素拖垮了企业的发展；消费者的需求变多，眼光更为挑剔，需求层次增加和消费者习惯的变化也对产品有了更多、更高的要求。

这些因素的存在都鞭策着企业快步向前，但同时也阻碍着企业的发展。所以，企业想要在众多因素的影响下实现稳步、快速发展，就需要将品牌当成敲门砖，敲开市场的大门，吸引消费者，最终达到提升估值的目的。

第一节　品牌价值的解析与打造

　　两家产品相似、质量相当的企业，为什么一个寂寂无名，另一个却家喻户晓？因为这是一个"酒香也怕巷子深"的时代。这样的时代开始向市场和企业传递品牌的重要性。品牌赋予了产品灵魂，也吸引着消费者的目光。当企业具备一个让众多消费者信服并喜爱的品牌时，企业估值也会在它的加持下逐步提升。

　　品牌承载更多的是消费者对企业的认可，是企业与消费者行为相互磨合而衍生出的一种产物。在各大企业争相抢夺用户的过程中，品牌早已成为产品战略中最核心的问题，也是企业估值中至关重要的环节。

◉ 品牌外延，价值维度

　　在同质化越发严重的时代背景下，企业的发展也越来越举步维艰。企业若想突破发展瓶颈，就应该将目光聚焦在品牌上，品牌是为企业带来溢价的无形资产，也是使企业产生增值的无形推力。

　　品牌的打造绝不能忽略品牌价值。哈佛商学院教授迈克尔·波特在

《竞争优势》中写道："品牌的资产主要体现在品牌的核心价值上，或者说品牌核心价值也是品牌精髓所在。"换句话说，品牌价值是品牌要素中最为核心的部分，也是品牌不同于其他竞争品牌的重要标识。

企业想要打造品牌价值，先要了解品牌价值的三个维度。

第一维度：功能维度的品牌价值。功能维度的品牌价值是将焦点汇聚在产品本身的功能特点上。这一维度的品牌价值具有独特性，能在极短的时间内吸引消费者，将产品的优势和特点快速传递给消费者。但是，这一维度的品牌价值溢价能力较低，且在产品同质化严重的情况下，极易受到冲击。

第二维度：情感维度的品牌价值。情感维度的品牌价值是指消费者在使用产品的过程中所获得的满足感，这是一种精神上的满足和填补。这一维度的品牌价值不再局限于消费者最基础的物质需要，而是将目光看向消费者的精神需求，从而引起消费者的共鸣。

第三维度：自我维度的品牌价值。自我维度的品牌价值与前两者有着极大的差别，产品对消费者的影响已经不再起着决定性作用，因为该维度是消费者向外传达个人价值观、财富、地位和审美的一种途径，品牌已经成为消费者身份地位和自我价值实现的载体。品牌自身的价值早已远超产品实体的价值。从一定角度来说，自我维度的品牌价值是可以脱离产品而单独存在的。

品牌价值是品牌的核心部分，它可以让消费者明确并清晰地记住品牌的个性模式，也是驱动消费者认同一个品牌的重要力量。品牌价值是三个维度形成的整体，它帮助企业构建了属于自己的品牌价值体系。可以说，品牌价值在提高企业竞争力的同时也推动着企业估值的提升。

⊙ 深度分析，打造价值

在如今的市场中，单纯的"低价"策略、单纯的"高质"策略、单纯的"性价比"策略早已失效。消费者从单一的高质产品需求升级至复合品牌需求，时代也已经从价值主导转变为价值引擎。

近年来白酒消费总量持续下滑，而以五粮液为代表的"浓香型"川酒异军突起，以水井坊为代表的高档白酒攻城略地，这些品牌的发展都给地方品牌带来了不小的冲击。在一片低迷之中，衡水老白干却稳步前进，持续发展。衡水老白干 2019 年半年度业绩报告显示，营收 19.59 亿元，比上年同期增长 34.33%；净利润 1.94 亿元，比上年同期增长 32.67%。

衡水老白干是一个有着 1900 年悠久历史的白酒品种，创建企业后经历了无数风雨的历练和一轮轮的市场鏖战，亲眼见证了那些曾经叱咤风云的白酒企业从盛转衰，一步步走向亏损、倒闭。衡水老白干却凭借着自身的品牌价值，成为具有超强竞争力和生命力的品牌之一。

67 度的衡水老白干一直被称为天下第一"高度"，在众多白酒品牌中独树一帜。但与第一"高度"形成巨大反差的是，衡水老白干保持着既清香和谐又甘醇绵甜的口感，这在白酒品牌中实属罕见。

衡水老白干经过市场的磨炼，始终坚持醇厚深邃的核心价值，将历经沧桑、忠实诚信和平易近人等作为品牌文化要素，其中"醇厚深邃"也将衡水老白干性格化。在很多人眼中，诚信、忠厚和深邃是成功人士所必备的品质，而衡水老白干所传递的品牌价值恰好迎合了消费者的这种心理需求，也赋予了符合消费群体性格特征的品牌个性，让衡水老白干与其他品牌价值区分开来，使其更加鲜明，更加精准，也更有冲击力。

衡水老白干在性格化的同时，也注重从品牌的精神价值上与消费者进行深度沟通，从高层次上更好地满足消费者对衡水老白干的精神需求，给消费者带来高档次、高价值感的精神体验。

衡水老白干为品牌注入了独特价值，既体现了功能维度的品牌价值，也体现了情感维度的品牌价值，更在一定程度上体现了自我维度的品牌价值。这些都是衡水老白干在跌宕起伏的市场中屹立不倒的原因。

⊙ 品牌战略，提升价值

放眼市场，众多企业都具备品牌，但却始终没有做到如衡水老白干般的逆袭，连估值都在逐年递减。而造成这一情况的主要原因便是企业没有找到正确的品牌战略，自然也就无法打造品牌价值。企业若想打造品牌价值，就要单一品牌战略与多品牌战略双管齐下。

打造 IP 品牌——单一品牌战略。打造品牌价值需要先打造一个过硬的品牌。在互联网时代，塑造 IP 品牌是大势所趋。市场中诸多企业都有着属于自己的 IP 品牌，而这些企业大部分都有一个共同点，那就是单一品牌战略。

当企业的所有产品都被冠以同一个品牌名称的时候，这个企业采用的便是单一品牌战略。其中，康师傅可以称为市场中的典型之一。例如"康师傅冰红茶""康师傅 3+2 饼干""康师傅方便面"等，在主品牌下衍生多个副品牌，从而形成大的品牌价值。

但企业需要注意的是，这种主品牌 + 多个副品牌的单一品牌战略要求主品牌过强过硬，有着极好的消费者基础，只有这样才能凸显品牌价值，以更快的方式打开市场，获取消费者。

打造品牌价值——多品牌战略。当企业发展到一定阶段，便应该将目光移至多品牌战略，以更快的速度打造品牌价值。多品牌战略是企业在同一产品品类中使用多个品牌的战略。提到多品牌战略就不得不提宝洁公司，它旗下建立了海飞丝、飘柔和沙宣等品牌，帮助宝洁牢牢占据洗护行业的半壁江山。

多品牌战略可帮助企业深度细分市场，吸引不同的消费群体，从而占据较多的细分市场，提升企业估值。但企业想要实施多品牌战略来实现品牌价值，就必须首先清楚地认知企业的自身定位和创新模式，精准把握未来发展方向，否则只会适得其反。

　　品牌价值的打造是基于企业自身优势、产品特点、消费者需求和市场现状等多因素而决定的。企业要学会以品牌打造品牌价值，以品牌价值推动企业估值。

第二节 品牌的生命力在于人格

随着品牌市场的发展，众多企业虽然有了品牌，但却始终无法实现突破性发展，消费群体逐渐流失，企业估值也因此下降。对此，企业要重新审视品牌，重新思考自身的品牌是否具有吸引力和生命力。

⊙ 品牌突破，在于人格

如今，很多企业都希望往自己的品牌注入生命力，但却始终不得要领，营销方案层出不穷，策划活动花样百出，却依然无法达到预想效果。面对这种困境，无数企业都在寻找方法，寻觅对策。

现代营销大师菲利普·科特勒说："一个成功的人格化的品牌形象就是其最好的公关，能够促使品牌与消费者的关系更加密切，使消费者对品牌以及其内在文化的感情逐渐加深。最终，品牌在消费者心中的形象，已经不仅仅是一个产品，而渐渐演变成了一个形象丰满的人，甚至拥有自己的形象、个性、气质、文化内涵。"可以说，打造品牌的最高境界便是为品牌塑造人格，当一个品牌拥有了人格，就意味着它有了生命力。

三只松鼠、可口可乐和海底捞这些品牌之所以可以经久不衰，始终得到消费者的认可和青睐，正是因为它们的品牌是有人格的，是可以和消费者进行交流的拟人化存在。通俗来讲，品牌的人格化就是将品牌当作人一样，赋予它态度、个性、爱好和性别，让冷冰冰的商业标志以人的姿态出现在消费者眼前，让消费者在想起这个品牌时脑海中首先呈现的是一个可以同自己交流、虚拟而又真实的存在。这也是企业生命力的源泉。

为什么品牌人格在如今的市场环境中显得尤为重要呢？一方面，新的传播形式颠覆了传统方式。社交媒体的出现改变了信息交流的方式，也逐渐形成了消费娱乐化的局面，这一局面的出现打破了过往品牌对消费者过于板正的引导。当沟通成为时代的主流，就意味着企业不仅要学会和消费者沟通，更要学会让品牌和消费者交流，吸引消费者的注意力，取得消费者的信任。

另一方面，品牌人格是市场细分的结果。企业在为消费者提供产品或服务之后，必然要将目光转向消费者的购买心理，进行深度挖掘。不同的购买心理要求企业对消费者进行深一步的引导、固化和满足，这同时也是品牌人格的具体表现形式。

如今，消费者在消费过程中越发注重参与感、体验感和存在感，他们不再热衷于冷冰冰的品牌，而是转向与自己性格契合度高，且具有高识别度的品牌人格，在不断参与和互动中形成品牌忠诚度。

⊙ 掌握品牌要领，打造人格魅力

互联网时代，品牌人格是打动消费者的关键，是企业与消费者交流的信任基础，是帮助企业提升估值的无形助力。所以，企业要懂得如何去塑造品牌的人格。

第一，确定品牌的定位和价值观。企业想要塑造品牌人格就必须要从根本出发，精准定位，树立品牌价值观，这两者是企业一切行为的出发点。如果一个企业连品牌价值观和定位都无法确定的话，那么其他也就无须考虑了。

企业要找准定位，在此基础上不断完善、坚持品牌特点和人格，以此来拉近与消费者的距离，同时企业也应围绕定位和价值进行企业运营。根据消费者偏好去刻画品牌，用特有的语言去和消费者沟通，向消费者提供追求美好生活的另一种方式。

第二，品牌的角色定位要有稳定统一的特性。想要将品牌人格化，就要先让品牌具备人所具有的性别。企业的品牌性别划分主要根据三大元素来判断，一是消费者属性，比如数码、户外、汽车类的品牌一般都是男性，而日常用品的品牌一般女性居多，而教育培训或金融服务则偏中性。所以，企业要根据品牌的性别进行营销和推广，而不是随意而为，否则极易遭到消费者的质疑。

第三，品牌需要内容的演绎。品牌的内容和消费者有三大联系。一是信息类内容，这主要是品牌为消费者提供有用的信息，帮助消费者开拓眼界，增强技能；二是娱乐类内容，这主要是为消费者提供可以与他人分享，或是形成谈资的话题，为消费者提供更多的聊天话题；三是价值类内容，这主要帮助消费者寻找到那些与自己价值观相同的人，同时帮助消费者更好地改变自己。

第四，品牌需要会讲故事。品牌的人格化最大的特点就是会讲故事。这里的讲故事并不是乱编，而是基于定位、基于品牌、基于现实。同时，这个故事也绝不能脱离消费者的生活，而是要立足于消费者的心理需求。

一些自然、真实的故事往往最能打动消费者，与消费者产生共鸣。企业绝不能错误地认为声音大就是营销，如果品牌没有故事，声音大在消费者眼中只不过是噪声。所以，企业不仅要会讲故事，也要讲好故事。

第五，品牌要有自己的性格。想要为品牌注入生命力，就需要给品牌打造出独特的品牌人格，而这要求企业除了了解自己之外，更需要知道自身所服务的消费群体有着怎样的特性、想法和需求。

消费者在消费的时候都会下意识选择与自己人格相似的产品，比如现实人格相似，或是理想人格相似。所以企业要选择一种适合品牌人格的性格，比如高冷、幽默、沉稳、热情或慵懒等。但企业要知道品牌性格必然是和品牌特性相契合，而不是相差甚远。

此外，企业还应该注意两点：一是让品牌和消费者站在同一水平线上，用朋友般的语气、和消费者相近的性格和态度去和他们沟通交流，从而与其产生共鸣；二是坚持并不断重复设定的人格，品牌的创意越多就越容易导致品牌人格分裂，让消费者无法接受，要避免这一情况发生。

人格可以让品牌说话，向消费者传递自己的魅力。品牌有了生命力，有了人格，才能和企业一同携手通往制胜市场的罗马大道，并在行走的过程中不断吸引用户，增加销售额，提升企业估值。

第三节　品牌符号首先站稳脚跟

德国哲学家卡西尔曾说："人类以符号为媒介来认识外在世界，从而形成了语言哲学、宗教哲学、艺术哲学等。"符号是一种标识，是人们认识、记忆一种事物的媒介，是对抽象事物的形象化。

符号渗透于社会生活的方方面面，对于企业而言，符号更是企业最直观的形象传达。企业需要品牌，品牌需要符号。品牌是企业进行价值评估的重要资产，品牌的价值直接影响着企业的估值，而塑造成功的品牌，需要有强大的超级符号，品牌符号在市场中站稳了脚跟，企业品牌才能塑造出超级 IP。

⊙ 符号成就品牌

在这个信息爆炸的时代，注意力高度稀缺，每个人每天要接受成百上千条信息，人们不可能也不会对一条信息关注过长时间。据统计，一个人关注一条信息通常用 8~10 秒的时间。8 秒的时间，转眼即逝，在这场以速度为导向的营销战役中，企业必须要利用 8 秒的时间让品牌印入消费者脑中。而要想解决时间与记忆的冲突，以品牌符号营造视觉效应是企业的征战利器。

消费者在了解企业之前，更希望通过视觉看到企业是什么样，在这样一个"看脸"的社会里，消费者更倾向于形象美的品牌。因此，品牌符号是企业最直接的信息传达载体，品牌符号可以通过视觉向消费者展示企业形象，尤其是塑造成功的品牌符号，是最简单直接的传播方式，可以让用户在 8 秒的时间内快速记忆品牌，并对品牌产生兴趣。

打造品牌是为了让消费者的消费选择变得简单，通过启动消费者的视觉，来引导消费者的选择，赋予品牌一个符号，是企业吸引消费者目光的巧妙技巧。品牌符号是一种识别元素，它主要包括品牌名称、包装、图案设计、LOGO 等。这些识别元素是企业品牌概念的构成基础，可以帮助消费者判断品牌。

此外，品牌符号也是品牌核心价值的极致表达，能够传递出企业的精神与理念。例如，劳斯莱斯的欢庆女神代表的是自由与力量；耐克的"红色对勾"传承着速度与激情；腾讯视频的"播放键"传达着"不负好时光"的愉悦。这些企业通过不同的品牌符号，向消费者传递着品牌的精神与理念，与消费者进行精神沟通，从而为企业成就伟大的品牌奠定了根基。

在消费升级的市场环境下，品牌符号的竞争也不断升级，品牌符号不再是为了单纯地向消费者介绍"企业是谁"，而是升级为"企业是与众不同的谁"。企业要想塑造与众不同的品牌符号要从"三个中心"出发，即"以自我为中心"——品牌符号代表产品核心竞争力；"以竞争者为中心"——品牌符号尚未有雷同性；"以消费者为中心"——消费者喜欢用什么符号来表达自我。通过这"三个中心"，品牌符号的识别效果可以不断放大，形成专属于企业的独一无二的超级品牌符号。

消费者在接受消息的短短几秒时间内都是非理性的，他们会自发地用感性的思维消化它，要想成功引起消费者兴趣，品牌符号是企业打破时间与认知冲突的关键。成功的品牌符号是公司的重要资产，它代表一种情绪，一种精神，一种价值观，它要与企业品牌保持一致，它背负着传播品牌的使命。企业需要用品牌符号来迎合消费者，来让企业品牌在市场竞争中站稳脚跟，让品牌价值不断提升，让企业通过上亿甚至上百亿的估值"大门"。

⊙ 品牌符号的破译码

成功的品牌符号，不仅仅是简单意义上的 LOGO 设计，它关系到品牌与消费者之间的互动关系，关系到消费者对品牌的认知与体验，关系到消费者对企业的无限想象空间。品牌符号是品牌的烙印，企业要想在短时间内为消费者那感性的思考增添上自身品牌的好感烙印，就要打造出超级符号，以优秀的品牌符号撑起企业的发展，让企业更有价值。

优秀的品牌符号——简单、美观。

品牌符号是企业有效宣传产品、展示形象的视觉载体，是企业传播的有效方式。从信息传播的角度来说，简单、美观的品牌符号可以在繁多缭乱的商品中迅速吸引消费者的目光，符号越简单、识别度越高，消费者的注意力会停留的时间越长，进而更容易烙印在消费者的脑中，并形成固化印象，即当出现类似的符号时，消费者脑中会自动浮现企业品牌。长期累积下来，消费者便会对品牌形成忠实情感。

最优秀的品牌符号设计就是消费者只看过一眼，在日后看到该符号就能迅速说出符号所代表的品牌。简易、美观、好记才是品牌符号成功的标志。

优秀的品牌符号——具有生命力。

有生命力的品牌符号才能彰显出企业的活力，而品牌符号的生命力需要依靠文化的赋能。借势文化元素，赋予品牌符号独特的象征意义，可以引起消费者的共鸣。但企业不要凭空创造文化元素，尽量选择已有的具有意义的文化。例如中国龙、长城、和平鸽等，这些元素具有独特的文化内涵，是企业品牌可以利用的宝贵资源，可以让品牌符号生动，有生命力，并在消费者心中产生特殊的情感。

优秀的品牌符号——"听"出与众不同。

听觉是除了视觉外人们接收信息的第二大感官途径，品牌符号不仅仅可以通过视觉传递信息，还可以通过听觉让消费者瞬间记忆。品牌符号的载体可以是声音，众多优秀的品牌都通过声音塑造出了令人印象深刻的符号。例如，"噔，噔噔噔噔"是英特尔独有的声音品牌符号，消费者听到这个声音，就会直接联想到英特尔；"狮子吼"是美国米高梅电影公司（Metro-Goldwyn-Mayer）的经典声音，是其打造的超级符号。这些声音深刻地印在消费者脑中，消费者通过声音记住了品牌。

今天，好的视觉资源已经被众多企业所抢占，企业要想在品牌竞争中突围，就要另辟蹊径，从声音上打造企业的品牌符号，让品牌"听"出与众不同。

优秀的品牌符号——创始人是独有的元素。

很多企业品牌符号是通过企业创始人呈现出来的，创始人是企业唯一性的资源，是具有最大识别度的符号。企业将创始人的头像作为品牌符号，从侧面传达出企业对自身产品质量的保证。此外，创始人作为企业品牌符号，可以赋予其品牌故事，让消费者了解到创始人创建品牌的初心，可以更快拉近与消费者的距离，让消费者对企业产生信任感。

优秀的品牌符号——需要历史的沉淀。

成功的品牌符号是企业提升价值、塑造估值的关键元素，它的成长需要历史的沉淀，需要经过长时间的固化，加深消费者对品牌的印象。因此，企业不要轻易更改自身的品牌符号，尤其是很多企业面临品牌老化，想要通过符号重塑，让品牌具有时代性。在这个信息爆炸的时代，消费者没有过多时间去关注不断变化的信息，在挑选产品时往往依靠的是固有记忆，如果企业轻易更改品牌符号，会对消费者的记忆造成混乱。

品牌符号决定了品牌留给消费者的第一印象，企业通过塑造超级符号展现企业形象，让消费者对品牌形成深刻记忆。品牌符号的价值不仅在于记忆，当品牌符号的价值发挥到极致时，它将成为一定消费群体价值观的代表，它彰显着企业与消费者之间精神的一致性。品牌符号是企业价值评估的重要资产，品牌进入 IP 时代后，优秀的品牌符号就要逐渐人格化，这样的品牌符号才具有内涵，才能实现价值的最大化，为企业高估值奠定根基。

第四节　品牌管理与维护进行时

有的企业为品牌打造了价值，塑造了人格魅力，赋予了品牌符号之后，品牌依然在走下坡路，企业经营每况愈下，企业估值因此受损。诸多企业在面对此情况时，都茫然无措，不明白究竟是哪个环节出了问题。深入探索便不难发现，正是因为缺少管理与维护，品牌的魅力才渐渐降低。

产品容易被模仿，极易过时，品牌却可以历久弥新，但前提是有管理与维护的双重加持。所以，品牌的建立与打造固然重要，但企业绝不能忽视品牌的后续工作——管理与维护。对一个品牌来说，同时进行品牌管理与维护，才能让品牌价值步步高升，从而实现估值的提升。

⊙ 持续发展，护航品牌

企业在品牌的助力下能够快速发展，但如果出现品牌在竞争市场中的知名度、美誉度下降，以及销售量、市场占有率降低，都表明品牌正在趋于老化，品牌老化是每个企业和品牌都将会面临的难题。品牌作为企业重要的无形资产和重要助力，其市场竞争力不可小觑。诸多企业在提升品牌价值之后获得了短暂的高盈利和高估值，但时间长了就疏于管理和维护，久而久之，品牌失去了魅力，失去了生命力，企业便成了市场中的失败者。

企业要明白，不断对品牌进行管理与维护是避免品牌老化的有效手段，也是企业具有长久生命力和竞争力的重要保障。很多企业正是因为缺少对品牌的管理和维护，导致在市场竞争中节节败退，所以企业要始终重视品牌的管理与维护，这样才能在最大程度上巩固品牌的市场地位。

品牌的管理与维护是品牌战略中的两项重要工作。品牌管理的重点在于监控品牌与消费者之间的关系，使品牌保持竞争力。而品牌维护则是在受到外部环境的影响后，企业对品牌所进行的维护，是保持品牌市场地位和品牌价值的一系列活动措施。

品牌的管理与维护有助于企业增强品牌竞争力。在市场中，品牌的市场表现直接影响着品牌价值与企业估值。品牌的管理与维护不仅可以让企业在市场中保持竞争力，同时也能保证品牌可以满足消费者不断变化的需求，降低品牌危机发生的概率。

长期的品牌管理与维护对企业来说也是发展的重点，当企业做好品牌管理与维护，企业的品牌形象才能在消费者心中形成根深蒂固的印象，才能让消费者对品牌产生依赖感。优秀的品牌管理与维护，也可以为企业品牌的长期发展做出重要贡献，进而帮助企业打开更为广阔的市场，赢得消费者的信赖，推动企业估值的提升。

⊙ 管理与维护下的品牌

品牌能帮助企业赢得消费者，也会出现逐渐乏力，后力不足的问题，让企业开始走下坡路。品牌形象的建立是一个艰辛且漫长的过程，而品牌的管理与维护同样是一个长期的过程，品牌从前期建立到后期维护每个环节都有至关重要的作用，需要企业持续付出更多的时间和精力。

品牌管理与维护是一个复杂、科学的过程，缺少了任何一个步骤，都会让品牌管理和维护的效果大受影响。品牌的管理与维护绝不是一蹴而就的，企业要清楚知道如何进行品牌管理与维护。

首先，了解品牌的价值核心。品牌打造是一个漫长的过程，在该过程中，企业文化塑造、品牌竞争力分析和产品策划都对品牌的塑造和成长起着关键作用。第一，企业文化塑造可以使品牌深度得以扩张并人格化；第二，品牌竞争力分析品牌内涵并将其转化为营销力，帮助企业实现利润最大化；第三，产品策划则是引导消费者对品牌的认知。当品牌被消费者所熟知和称赞的时候，就说明该品牌已经具备了一定的无形价值。

其次，延伸品牌的商品种类。随着消费者需求的增多，企业也要进行多元化发展。一个深谙市场营销法则的企业会在发展到一定程度时开始运作多个品牌，通过对市场的细分来获取消费者的广泛认同。企业可以通过不同的商品种类满足不同的消费群体，也满足消费者需求的异质性，最终实现市场最大化的目的。

但需要注意的是，消费者的需求层次性决定了一个品牌不可能占领某款产品的所有细分市场，所以企业也不要认为自己可以垄断某一类产品市场。

再次，确定品牌的产品属性。每一个知名品牌都有独一无二的属性和特性，即使是顶尖品牌也不能在产品的功能上做到十全十美。所以，企业在进行品牌宣传的时候，绝不要标榜自己是"最好"，而是集中在一点，让消费者对品牌有更为全面和深刻的认知。

最后，建立品牌的卓越信誉。在市场中，没有信誉度的品牌是不具备竞争力的；而在消费者眼中，没有信誉度的品牌是不值得购买的。所以，企业在竞争中，绝不能只依靠炒作取胜，而是要依靠高水平的管理和质量控制的能力，提高消费者满意度，建立品牌信誉。

市场中无数惨痛的经历在告诉企业一个道理：企业如果没有品牌管理和维护，那么品牌价值的提升也就成了一句空话，即便企业拥有极好的产品，也只能被消费者忽视。所以，企业必须在产品质量过硬的基础上，在塑造品牌符号和人格之后，继续进行品牌管理和维护。

市场风云变化，消费者的产品意识也在不断增高，品牌的未来危机重重。而品牌作为企业的"股肱"，在竞争中起着不可替代的作用。所以，品牌的管理与维护是一项长期任务，想让品牌始终保持竞争力，就必须要保证对品牌的管理与维护，进而保证企业估值的稳步提升。

第八章

七个亿——股权设计的"黄金分割"

估值是企业进行投融资、交易的前提，它反映着企业的价值，影响着各方的权益，而企业股权设计是企业估值的重要一环，股权结构的稳定与否直接影响着企业的估值高低。企业的股权设计也是投资机构最为重视的一项评判点，清晰、合理的股权设计是高估值的标准。

为此，创业者为实现企业高估值、深发展，不仅需要学会进行合理的股权设计，更要懂得科学分配股权、把握股权分割黄金比例、掌控企业控制权，以脉络清晰、利益制衡的股权结构做准、做大企业估值，提升自身价值。

第一节　合理的股权设计事半功倍

为什么马云持有不到 7% 的股份却能掌控阿里巴巴，创造阿里神话？

——因为在创业初期，便有人为其设计出了合理的股权架构及股权激励体制。

为什么任正非拥有不到 2% 的股份却能力控华为，并使华为以 2 万多元的创始资金裂变到估值千亿元？

——因为他实行全员持股，对员工进行内在激励。

无论是阿里巴巴还是华为，它们的成功都离不开合理的股权设计。股权设计是创业者踏进商业战场的第一课，也是重要的一课。在充满荆棘的创业之路上，有多少初创企业因为不懂股权设计，不懂合理分配，而使得企业上演股权纷争而分崩离析。又有多少明星企业因为陷入股权僵局，形成内耗局面，使企业高估值下滑为低估值。

因此，创业者一定要懂得合理设计股权结构，否则，企业极易昙花一现。

⊙ 股权设计是技术，也是艺术

在企业市场化愈发明显的时代，风险投资、信息透明、人才流动等更加频繁和充分，使得企业不得不在创立之初便从长远角度考虑企业的顶层设计问题。从宏观层面来说，企业的顶层设计需要从商业模式、价值创造、管理制度三个方向出发，为企业的战略规划奠定根基。商业模式是企业的基本商业逻辑，价值创造是企业价值的整体布局，管理制度是企业内部管理层间的协作制衡。在这三个方向中，管理制度是前两者的根基，而在管理制度中，股权设计是稳定内部的关键因素。

股权设计是创业者的必修课，创业者在掌握股权设计流程的同时，还要懂得股权设计的合理性，合理的股权设计才是企业持续前行的动力。著名天使投资人徐小平说过："合理的股权设计的重要性超过了商业模式和行业选择，比你是否处于风口上更重要。"

股权设计是无形的，企业内部不合理的股权设计在最初可能不会影响企业的发展，但却是为企业埋下了崩盘的隐患。一旦企业逐渐走向正轨，不合理的股权设计便会成为企业发展路上最大的阻碍。不合理的股权设计是造成企业分裂的重要因素，尤其是没有绝对控股人的股权设计，会影响企业决策的执行力度，每当有决策时，每个人意见不同会导致股东内部争执不下，企业的执行力会被减弱。合理的股权设计是技术也是艺术，是企业的整条生命线，它不仅涉及合伙人之间的顶层股权设计，还涉及员工激励、资源分配、股权融资和对外投资等。

创业者一定要学会合理设计股权。首先科学的股权设计明晰了合伙人的权、责、利，可以更好地体现出持股人的利益与价值。其次，合理的股权设计明确出了持股人的实际责任与利益，当企业出现纷争时，也可以根据股权设计快速解决问题，有助于企业稳定，使企业破浪前行。最后，投资机构最看重的便是企业的股权结构，合理的股权设计可以使投资方明确企业的利益分配，从而分析出自身的投资利益，做出融资判断。

⊙ 股权设计，规避风险

创业团队因不合理的股权设计而分裂的例子，在沸腾的大市场中屡见不鲜。狂热的互联网创业潮催生了众多年轻且优秀的创业者，可是却有无数初创企业败在自身的股权设计问题上。有多少企业在发展初期便拥有上千万估值，本可以在纷繁的市场中绽放光彩，却因股权设计不合理，没有规避好股权设计风险而迅速萎缩，甚至倒闭。

股权问题对于初创企业是不得不面对的问题，在正式踏上创业道路前，初创企业一定要规避以下几点不合理的股权设计思路。

规避一：按平均比例分配股权。企业初创之际，如果没有出现资金或者能力过于强势的一方，常见的股权设计便是均衡分配股权。尤其是熟识的人成为合伙人，更不会对股权分配斤斤计较，觉得谈利益伤感情。

股权均分往往是不合理的股权设计，常常导致每个人都有发言权，但每个人都没有绝对控制权，一旦企业发生大事件，便会因意见不一，无法形成统一决策。大多数初创企业的失败便是因平均分配股权，原本前途明朗的创业项目陷入僵局，再无力回天。

规避二：一成不变的股权设计。多数企业在创业初期由于资金短缺，往往会引进外来资金，此时，资金便占据重要地位，投资方也会要求持有更多的股权比例。相应的，企业的管理团队便占据较小的股权比例。

但是，当企业进入正轨，逐渐走向成熟后，对资金的需求减少，管理团队的能力优势便显现出来。若此时依然按照创业初期的股权分配方式操作，必然会引发矛盾。

例如，如果一家初创企业有两位股东甲和乙，在创始初期，甲贡献大量资金，乙贡献销售智慧，此时，两人的股权结果偏向于甲，即甲占股80%，乙占股20%。随着企业的不断发展，甲对企业的贡献力逐渐减弱，企业的运营与管理皆由乙支撑，乙为企业创造的价值比重越来越大。如果此时依然保持最初的股权比例，会形成付出与持股比例不成正比的局面，造成实际上的价值倒置。长此以往，甲乙两人会产生分歧，甚至最终企业解体。因此，企业的股权设计不可一成不变，要根据后期价值贡献的变化不断进行调整。

规避三：股权一次性分完。在创业过程中，不同的创业阶段，不同人的贡献会产生变化，因此，在初期进行股权设计时，不应将股权全部分配，而应给股权调整预留空间。将部分股权放进股权池中，在企业发展后期，根据项目展开的不同阶段每个人的不同贡献进行股权的调整。

有报道称：中小企业是国内最活跃的经济体之一，但其存在的平均寿命却不长。据《中国中小企业人力资源管理白皮书》调查显示，我国中小企业平均寿命仅 2.5 年。中国中小企业生命周期短，能发展为较成熟企业的更是难能可贵，这是因为众多的企业不仅是死于外部竞争，有很多是亡于内部消耗，其中股权问题是最常见的一种内因。很多企业的发展萌芽被"扼杀"于股权纷争之上，股权争夺常常引发内部僵局，从而阻碍其运营，长此以往，企业内部耗损严重，最终走上没落。

股权设计是一个企业的灵魂与基础，股权设计不合理，企业难免会陷入股权纷争的泥泽之中。一些高估值的明星企业也会因不合理的股权设计，走向估值低谷，更甚者难逃"死亡"的结果。因此，企业一定要有合理的股权设计，这是企业前行的重要支柱，也是促进企业稳定发展的基石。

第二节　科学切蛋糕是发展的需要

创业，是一代又一代心怀梦想的人们铺下通往"象牙塔"的阶梯，人们小心翼翼又满怀憧憬地站在创业之路上，坚定、果敢。但在创业者们正式破浪前行之前，必须要打好前行的根基。合理的股权设计是创业者的必修课，也是支撑企业稳定前行的重要"脊梁"。

股权就如同一整块香甜诱人的"大蛋糕"，要做到合理的股权设计就意味着创业者要学会科学地切"蛋糕"，复杂微妙且考验技术。一旦"蛋糕"切得不合理，企业内部争斗不断，不仅影响品牌价值，更会让企业估值一路跌至谷底。

◉ 切"蛋糕"要巧更要精

创业往往不是孤军奋战，而是一个集体在战斗。在企业初始阶段，一般是由几人的小团队开始运行。例如，腾讯的初始团队只有 5 人。在创业过程中，伴随着企业的发展，团队成员会涉及诸多利益分配。创业者通过对企业股权的前瞻性设计，平衡各个股东利益，最大程度维护股东和利益相关者的权益，有助于避免企业陷入利益纷争，使企业内部形成合力，推动自身发展。

因此，分股权一直是创业者们需要面临的一个问题。一家公司的股权设计真正有价值的地方是分配精准，"蛋糕"切得科学才能保障企业有一个健康发展的过程。尤其是对于初创企业而言，在初期，一切尚在探索之中，将"蛋糕"合理、合适、合规地给予创业团队成员，能够有效降低企业内部产生的经营风险。不懂科学地分"蛋糕"是造成企业内部危机的重要原因，不合理的股权结构会成为企业经营过程中的隐患与威胁。

国内有一家企业前途一片光明，这家企业本可以在国内市场开辟出一片新天地，创造出卓越的成就。然而却因股权分配问题，致使股东内讧愈演愈烈，进而陷入生产经营停滞的僵局。

该企业是由甲企业与乙企业组建的合资经营企业。由于甲企业出资多，便占据了近乎 2/3 的股份，乙企业根据出资情况，占据约 1/3 的股份，但乙具有一票否决权。从表面上看，这样的股权分配处于一种合理的状态，然而在甲所持有的股份中，丙企业持股约 20%，丁企业持股约 15%，其他散股约占 50%。

如此一来，这家企业的股权分配明显具有分散性，这意味着，其虽然有控股股东，但是没有实际控制人。没有实际控股人的企业一旦成熟，便容易出现股权纷争。果不其然，在后期发展过程中，因股权收购问题，各个股东之间彼此竞争，陷入争夺战。而由于股权分散问题，企业内部没有实际控制人，无人可主控该企业，企业内部因此陷入长久的拉锯战。股权僵局进而影响的是企业发展，由于缺乏主要管理者与决策者，这家企业的产品后续研发工作难以进行，生产经营陷入停滞状态。

股权纷争事件频繁发生的背后是利益分割的不明确。世间熙熙，皆为利来，世间攘攘，皆为利往。股权分配不合理，便会形成利益的失衡，股权大战一触即发。

企业只有分好"蛋糕"，才能做大"蛋糕"，提升估值。所以，创业者在创业前一定要合法、合理、科学地分割好股权"蛋糕"，并通过"分蛋糕"制度的落实来降低内部风险，进而打造高效稳定的团队，实现企业做强做大的愿景。

⊙ 科学切"蛋糕"，味道才更好

创业者切割股权"蛋糕"，每一刀都马虎不得，每一块都要精细计算，每一份都要恰到好处，稍有偏差就会影响"蛋糕"切割的整体效果，一旦分割有失误，便可能会引起企业内部的矛盾与斗争。为了能最好、最快、最科学地切割"蛋糕"，创业者要遵循以下几点规则，然后再结合内部实际情况，做适当调整，这样切出来的"蛋糕"，味道才更好。

原则一：根据实际出资状况。资金一直是企业发展的重要关卡，有了资金的支持，企业才能持续地运行。创业初期，对很多企业而言资金是最重要也是最紧张的一环，企业可能要以股权换取资金。而此时，对于股权的切割，企业便要格外慎重，要根据出资方解决的实际困难来分配股权，谁的出资解决了实际难题，谁就得到企业较多的股权。

原则二：梯次明显，有大股东。股权切割最忌讳的是平均分配，如此分配一旦出现重要决策时，便会因意见不一产生矛盾，导致决策无法执行，企业运行陷入僵局。因此，股权切割要形成明显的金字塔架构，而站在顶端的最好是企业创始人，因为他对企业的发展方向有整体把握与规划。创始人具有了足够的话语权，就可以主导整个团队的健康发展。

原则三：根据优势进行划分。创业时，一般都是团队作战，团队中每个人的能力不同，优势不同，对企业的贡献也就不同。在初期分割股权时，创始人要认真分析每个人的能力，并对其能力在企业发展的不同阶段有怎样的贡献，有明晰的规划。如此，创始人在初期进行股权分割时，便可以根据团队成员的能力合理适当地分配股权。

原则四：预留股份以作激励。创业初期，企业创始人可以在切割"蛋糕"时先预留出一部分股份，如果在后期遇到难得的人才，就可以进行股权激励，留住人才。例如，马云给予了蔡崇信公司第二多的股份，蔡崇信也全心全意地为马云拉去大量赞助。

原则五：尽量保持完整。创业者是用股权的"蛋糕"来换取了企业的顺利发展，但需要注意的是，这块"蛋糕"要尽量保持完整，不要分成太多块，避免过于分散。因为，对于投资者而言，他们希望看到的是一块相对完整且有明显梯次的"蛋糕"，他们可以从中清晰明了地掌握股权的架构以及利益分割。

企业整体价值是由全部股东投入的资产创造的价值，股权是股东创造价值的载体。但对于创业者而言，股权分割并不是一件易事，只有科学地分割股权"蛋糕"，没有偏差，股东们才会心满意足地享受"美味"，并全力创造价值，从而不断提升企业估值，推动企业成功上市。

第三节　牢牢把握住公司的控股权

　　股权为企业带来的价值，在不同的股权架构下会形成差异，但是，企业股权管理的一个核心话题，就是企业的控制权是否稳定，股东结构是否平衡。

　　企业在发展过程中，因为运行需要要不断地进行融资，而融资的过程会引起企业股权结构与股东关系的变化。由于外来资金不断被注入，企业创始人的股权比例不可避免地会被稀释，如此一来，企业创始人的控制权便会受到威胁。创始人拥有控制权是企业坚定前行的前提，创始人牢牢把握住企业的控制权，才能掌控全局，保证企业内部各部门的顺利运转。

⊙ 控权才能掌舵

　　创业维艰，每一个创始人为了实现心中的梦想，都会拼尽全力推动企业持续前行。企业的成长不仅需要依靠创始团队的支撑，还需要外力的扶持，多数情况下，外力指的是资金。融资可以使企业用更多的资金来进行技术的研发与创新，企业也会走得更长远。

　　但是，创始人不得不承认，融资意味着股份的不断稀释，也意味着控制权受到威胁。如果企业创始人不能在融资时牢牢把握好企业控制权，那么，他也就失去了对企业的掌舵，甚至会将自己一手创办的企业拱手让人。

　　所以，创始人一定要牢牢掌握住企业控制权，即使持有较少的股份，也可以掌舵企业行进的方向。京东创始人刘强东便是一位持较少的股权却可以紧握京东控制权的"奇人"。

　　企业从初创到上市要历经若干轮融资，没有投资机构的资金输入与资源支撑，初创企业很难快速成长，可是创始人的股权也会在融资过程中被稀释得所剩无几。京东也不例外，京东赴美上市之际，刘强东持股不足20%，勉强领先第二大股东老虎基金，刘强东大股东的身份摇摇欲坠，然而他却能牢牢把企业控制权握在手中。刘强东是个喜欢掌控全局的人，他表示，"如果不能控制这家企业，我宁愿把它卖掉"。那么，刘强东是如何牢牢把握京东控制权的呢？

　　首先，刘强东启用了投票权委托策略。"投票权委托"即通过协议约定，某些股东将其投票权委托给其他特定股东行使。根据京东的招股书，在京东发行上市前，京东有11家投资人将其投票权委托给了刘强东行使。因此，刘强东虽然只持股不足20%，却掌控了京东过半数的投票权。

　　其次，实行"同股不同权"的AB股策略。据京东2019年提交给美国证券交易委员会（SEC）的FORM 20-F年报文件显示，截至2019年2月28日，京东CEO刘强东持有公司15.4%股权，拥有79%的投票权。这是因为，京东在上市前将股票区分为A序列普通股与B序列普通股。投资机构的股票被指定为A序列普通股，每股只有1票投票权，而京东内部管理层是B序列普通股，每股对应几十倍于A股的投票权。如此，刘强东虽然持股比例不足20%，由于其主要持有B类股票，所以便拥有过半的投票权。

　　得益于这两种策略，刘强东即使持有的股权比例小，却依然能紧握控制权，掌舵京东。企业创始人要懂得，一家企业股东表决权的构成与演化，是影响企业发展与存亡的重要要素。企业的终极定位根植于创始人心中，企业的未来规划在创始人心中经过无数次演化。所以，创始人要牢牢掌控企业控制权，控权才可掌舵。

⊙ 捍卫控制权

创业者要想避免成为失去企业控制权的人，就要学习一些防护措施，学会从源头上解决问题，从而捍卫自身对企业的控制权。除了刘强东所采用的"投票权委托"和"同股不同权"的 AB 股策略外，还有以下几点策略可以使创始人避免丧失企业控制权。

策略一：一致行动人协议。"一致行动人"即通过协议约定，某些股东就特定事项采取一致行动，当股东内部意见不一致时，某些股东跟随一致行动人投票。创始团队的股东可以签署"一致行动人协议"，形成集中投票权。如此，创始团队的总股就会对投资人的股权比例形成压制，有利于创始人掌控对企业的实际控制权。

策略二：创始人具有一票否决权。即创始人股东对于某些特定事项具有一票否决的权力，这样，即使创始人在持股比例上不能实现对公司的控制，但由于一票否决权的存在，创始人股东仍然可以掌握公司的重要决策。但值得注意的是，具有一票否决权的创始人股东必须要明辨事理，不可独断专行，要认真分析特定事项的情况，根据其对企业的利弊，决定是否使用该项权力。

策略三：有限合伙持股。有限合伙企业是指一种持股平台，有限合伙企业中的合伙人分为 GP（General Partner，即普通合伙人）和 LP（Limited Partner，即有限合伙人）。GP 管理并执行有限合伙企业的具体事务，LP 只出资而不参与企业管理。

　　企业中的股东可以不直接持有公司股权，而是把自身放在有限合伙企业中，让这个有限合伙企业持有企业股权，这样，股东就间接持有了企业股权。同时，企业创始人担任有限合伙企业中的GP，管理有限合伙企业事务，而其他股东担任LP。如此，企业创始人便相当于有了企业的控制权，实际管理企业事务。

　　策略四：让表决权与股权比例脱离。《中华人民共和国公司法》明确规定："股东会会议由股东按照出资比例行使表决权；但是，公司章程另有规定的除外。"其表明，企业可以有自身的表决权制度。因此，创始人可以通过企业章程的设计，将实际表决权与股权比例分离，即企业对某些事情的决策不按照股权比例进行投票表决。

　　同时，在章程中表明赋予创始人特定比例的表决权，如此，即使企业创始人的股权比例在融资过程中逐渐缩小，却仍可根据企业章程规定，实现对企业的控制。

　　融资与股权稀释的背后是资本与企业利益的争夺，企业控制权本质上是利益冲突的产物，是股权结构设计的必然结果。创始人拥有企业控制权，就要正当行使权力，平衡、维护各方相关主体的利益，建立股东之间的信任，提高企业的运行效率。创始人更要通过对企业的实际掌舵，明确企业的发展方向与定位，使企业在破浪前行中不断创造估值新高度，实现企业估值从0到1的质变。

第四节　把握好股权结构的设计点

从市场中的现实境况可以发现，因股权结构不合理使得股东之间的权益不平衡，引发股东矛盾，从而阻碍企业持续运行，甚至致使企业走向没落的案例屡见不鲜。股权结构是企业的顶层设计，是股东们的利益制衡机制，企业股权分配稍有不均，便可能会给企业带来意想不到的困境。

对于创业者而言，科学分配股权，构建合理的股权架构是成为真正创业者的第一课。对于企业而言，股权设计是一家企业稳定的基石，随着企业的发展，合理的股权设计可避免企业内部出现各种利益纷争。因此，创业者在构建股权结构时，要把握好股权结构的设计点，避开会使企业估值降低的股权结构设计点，合理设计股权结构，搭好高估值的阶梯。

⊙ 基石重在基点

股权设计看似简单，然而其中涉及的关系点极为复杂，不确定的因素不仅会引爆内部矛盾，更会加剧企业的运作风险。创业者要想降低风险，就要从源头上解决问题，在进行股权结构设计时，瞄准设计点，排除影响股权结构的不利因素。

　　因未合理把握股权设计点，致使内部纷争不断的企业屡见不鲜，世界上存在着无数这样的企业——他们成于梦想，却败于股权设计。当然，世界上还存在着无数善于股权设计的企业，企业创始人懂得合理利用股权结构设计点，以完善的股权结构稳固内部管理。

　　Lyft 是美国一家网约车平台，2019 年 3 月初，其提交了 IPO 招股说明书，预计将于纳斯达克上市，自此，Lyft 正式开始了上市路演之旅。据报道称，Lyft 上市时的估值将达到 200 多亿美元。Lyft 可以说是一家与美国网约车巨头优步（Uber）齐头并进的企业，它自成立至 2018 年，一共融资 50 多亿美元，市场估值也在迅速暴增。2018 年 6 月，在获得由投资机构 Fidelity Investment 领投的新一轮 6 亿美元融资之后，Lyft 估值达到 150 多亿美元。高估值的背后是 Lyft 拥有的庞大用户群与精准市场战略，不过，从 Lyft 的招股书上可以看到，Lyft 的股权结构也是其成功的重要因素。

　　从 Lyft 上市前股东构成来看，由于经历了多轮融资，Lyft 的两位创始人洛根·格林和约翰·齐默持股比例不断被稀释，其持股比例均不足 1%。这样的持股比例使得创始人明显处于弱势，无法真正掌控企业，但 Lyft 采用的却是双重股权结构设计及 AB 股策略。如此，即使股权比例小，两位创始人依然可以具有企业控制权，掌控企业发展方向。

　　企业具有正确的发展方向，才能在市场中坚定前行，也才能让用户感受到完美的体验，让投资机构看到充满希望的未来。双重股权结构是 Lyft 在进行股权设计时把握好的合理股权结构设计点，这一设计点使 Lyft 内部具有实际控制人，能够正确规划市场战略，降低企业内部股权纷争风险，促进企业聚力前行。

　　基石重在基点，股权结构设计点是股权结构稳固的重要因素，把握不好设计点，就极有可能会构建出不合理的股权结构，从而影响企业融资与估值。所以，企业无论是在创业初期进行股权设计，还是在发展过程中进行股权结构调整，都要认真分析股权结构设计点，全面降低股权结构设计风险，从而构建权益均衡的股权架构，塑造企业内部合力协作的良好局面。

⊙ 避让不利点，驱动高估值

企业股权结构不合理的情况有很多种。例如，有些企业的大股东身份混乱；有些企业创始人身兼数职；有些企业未实现股权兑换；有些企业设置的股权退出机制不健全等，这些不合理的股权结构皆因创始人对股权结构设计点把握不准确。企业创始人要了解哪些股权结构设计点会使企业估值降低，从而避让不利点，促进企业估值的提升。

避让点一：大股东身份不明确。大股东是指企业中持股比例较多的一方，但是，由于很多企业在融资过程中会将一大部分股权分割给投资方，如此一来，从表面上看人们会觉得持有较多股权比例的投资方是大股东，是企业创始人，但却又没有实际控制权。因此，企业要理清楚大股东的身份，让经营团队持有大股份，创始人具有实际操控权。

避让点二：创始人股东不是全职投入。初创企业初期的价值驱动各不相同，有些企业具有丰厚的启动资金，有些企业则是以大量资源为支撑，有些企业则以人力为驱动。绝大多数初创企业都是没有足够资金和资源可供支配的，往往依靠人力推动企业运行。

人力驱动型企业需要创始人全身心地投入其中，全面把控企业各个方面，而非同时操盘多个项目，或者因其他原因无法全职投入。例如，泡面吧创始人俞昊然因学业问题无法全心投入项目，更无法真正掌控企业，最终使自身的权益被弱化，泡面吧化为泡沫。这种不能全职投入创业项目中的创始人股东，无法全面掌握企业动向，可能会让项目最终化为泡影。

避让点三：企业有太多自然人股东。法律规定，有限责任公司可以有

50 名以下的股东。但初创企业在初期尽量不要有过多的自然人股东，否则会因股东过多形成股权结构混乱，此外，如果众多股东都要求参与企业决策，一定会导致意见不统一，企业运营将无法顺利进行。对于初创企业而言，3~5 个核心股东是较为合适的，在企业经营过程中，彼此可以能力互补，也不会因人数过多而牵扯过多利益，形成复杂局面。

避让点四：不完善的股权退出机制。作为初创企业，时常会有股东中途退出，如果有股东尤其是创始人股东离开创业团队就涉及股权的退出机制。如果股东退出机制不完善，允许中途退出的合伙人带走股权，会在企业内部形成利益纠葛，影响企业内部的稳定。

因此，创始人在进行股权设计时，一定要注意股权退出机制的完善性。对于退出的合伙人，一方面，可以全部或部分收回股权；另一方面，必须承认合伙人曾经的付出，按照一定溢价或折价回购股权。

股权结构会一直伴随着企业的成长，它是企业可以持续运行的基石，是企业估值不可或缺的一部分。合理的股权结构是企业发展的助力，而要想设计合理的股权结构，企业创始人就要把握好股权结构的设计点，由点及面，逐渐进行股权结构设计，不要忽略任何一点影响股权结构稳定的不确定因素。把握好设计点，才能遇见未来。

第九章

八个亿——赚钱能力的"汗血宝马"

在过去的发展中，市场见证了众多企业从神坛到谷底的轮回，见证了无数企业的飞速崛起和轰然倒塌，商业浪潮此起彼伏。在这样的时代中，无数企业开始具备新型的赚钱能力，上演了一出令行业瞩目的崛起大戏。在这个大浪淘沙的阶段，有企业没落，有企业成长。

世界上所有成功的企业无不具有自己独特的赚钱能力，助力企业打造三年估值十亿的商业帝国。提高赚钱能力不仅要注重钱的来源，更要掌控钱的去向和管理，在此基础上，企业估值才能持续上涨。这也是三年估值十亿的秘籍所在。

第一节　利润率的增长从客单价入手

纵观国内市场，用户迭代倒逼产品升级，消费变化倒逼企业转型，行业艰难倒逼模式创新，市场形势倒逼行业洗牌。在日益严峻的市场形势下，每一个存活下来的企业都暗自庆幸。但庆幸过后，面临的将是更大的挑战——如何提升利润率，提高企业估值，让企业成为市场中下一批存活者，甚至是下一匹黑马。

行业内技术在进步、企业设计在创新、行业竞争加剧及大数据快速发展，面对这些变化和困境，企业曾经走过的捷径如今都成为布满陷阱的弯路，如今，它们又该如何提高利润率和估值呢？

⊙ 要利润率，也要客单价

小马智行成立3年，估值10亿美元；联易融成立3年，估值10亿美元；Momenta 成立 3 年，估值 10 亿美元。这些三年估值十亿企业的背后，除了模式和产品的助力，还有高利润率的影子。

利润率是企业一定时期内的利润总额对有关经济指标值的比率。利润率增长是每个企业的目标，也是提高企业估值的关键。企业想让利润率增长，最为直接、有效的方法便是从客单价入手。

客单价是指在一定时期内，每位用户消费的平均价格，也就是每位消费者平均购买商品的金额。

客单价作为企业销售总额的因子和变量之一，主要受外界四大因素的影响。第一，产品定价，产品定价的高低在很大程度上决定了客单价的数值；第二，优惠力度，当所需要的产品恰好处于优惠期，用户便会多购买该产品；第三，关联商品，在消费时，大部分用户都会关注相关联产品，如果合适也会买下；第四，新型服务，当企业向用户销售产品时，还可以为用户提供更优质的服务，企业将会成为很多用户的首选。

客单价的提升有助于带动利润率的增长，最终实现企业估值的提高。上海格乐丽雅文化产业有限公司旗下的格乐利雅婚礼会所（以下简称"格乐利雅"）正是从客单价入手，提高企业利润率，成为了婚庆行业首屈一指的企业。

2019 年，婚庆行业整体进入瓶颈，诸多企业营业额虽高但所获利润却极少，利润率自然无从谈起。无数企业将价格一降再降，却始终无法力挽狂澜，只得在市场的夹缝中艰难生存。相比之下一路高歌、逆风而上的格乐利雅的市场份额却节节攀升，以客单价 16 万元、利润率高达 25% 的战绩跃居行业首位，成为婚庆行业的独角兽。

格乐利雅的高利润率和客单价不是凭借增加客户数量、压低成本的方式做到的，而是靠以时尚为内核的品牌力、以创新脱颖而出的产品力溢价，最终实现高客单价、高利润率。

那么，格乐利雅是如何做到高客单价、高利润率的呢？

第一，以经济的价格让用户购买到明星同款产品。"90 后"已经成为绿色消费的主力军，他们热爱时尚、讲究个性、重视体验。在明星粉圈经济下，海岛婚礼被诸多明星引爆，也成为很多"90后"结婚的选择。但高昂的海岛婚礼成本让许多用户只得遗憾放弃。在这样的背景下，格乐利雅在第一时间满足消费者的需求，花费重金建造了国内第一个位于城市的"婚礼海岛"，让用户在国内就可以以极为经济的价格体验到明星同款海岛婚礼。

第二，联手IP，满足用户的时尚需求。为了满足消费者对婚礼的时尚需求，格乐利雅多次与内地音乐TOP榜单IP联手，将海岛婚尚元素贯穿于音乐盛典中，加深用户的印象。格乐利雅还邀请到诸多国际时尚名流大咖和明星助阵，让两大IP强强结合，呈现"时尚 × 婚礼 × 音乐"跨界的新婚尚。

第三，对婚礼细节的极致把控，让用户享受到极致服务。在同质化产品矛盾日益突出的行业中，格乐利雅邀请国际顶级大咖对花艺、声光舞美、服务礼仪等业务版块进行改进，力求做到精益求精，与众不同。此外，格乐利雅还多次邀请国际化团队对婚礼的各个环节进行把控。

格乐利雅凭借着这三大优势跃身成为高端婚礼会所行业的独角兽，成为第一个登上福布斯杂志的高端婚礼会所品牌，它正急速颠覆行业及国内婚嫁市场。格乐利雅的成就离不开高利润率的推动，更离不开客单价的助力，而在高利润率与客单价的双加持下，格乐利雅的估值自然是水涨船高，成为同行企业难以望其项背的存在。

⊙ 破解客单价增长的密码

利润率与客单价相辅而行，两者往往成正比。提高客单价，绝不只是单纯地拉高产品价格，而是要通过对企业定位和顾客群体的分析，优化产品和服务，让用户愿意多花钱。

企业想要实现客单价的大幅度增长，就需要破解其中的密码，找到适合自己的策略。

策略一：让用户多购买意向产品。用户购买产品，大部分是为了满足生活的刚性需求、追求服务的软性需求或是精神欲望的心理需求。无论是哪一种，一旦用户有了购买产品的想法，企业就要努力促成交易。

除了让用户完成他本身想要购买的产品，还要让用户多购买其想买的同类产品，这是提高客单价最基本、也是见效最快的途径。而促成用户购买的有效方式包括：降价促销、有奖促销和买赠活动等。

策略二：让用户购买组合产品。当企业通过市场调查等方式了解到自己的某款产品存在特定的用户群体，就可以根据该用户群体的需求来提供其他产品。换言之，企业可以将为用户定制的产品与其他关联性产品组合在一起，进行组合销售。

策略三：让用户购买价值更高的产品。每个用户都有求好心理，希望自己所购买的产品档次足够高，产品质量也足够好。企业应该对这一心理加以利用，通过提升品牌知名度和产品质量让用户选择购买高价格产品，满足其求好心理，从而提升客单价。

策略四：让用户看到中高价格产品。如果客单价普遍偏低，那么在一定程度上说明企业缺少中高价格产品。企业的主营产品线上，低价产品过多，中高价格产品极度缺少，这是客单价难以提升的重要原因之一。

企业想要在客单价上有所突破，就需要结合自身产品优势，瞄准用户需求，推出更高利润的中高价产品，以此来带动企业的客单价提升。

企业发展的背后，必定有战略管理、商业模式、组织架构、研发体系、运营方案和制度规范等要素的推动，它们的最终目的是增加客单价，提升利润率，提高企业估值。这三个环节相辅相成，因此，对企业来说，客单价的增长是保障利润率和估值最有效方式之一，也是抢占市场份额的重要手段。

第二节　盈利提升需注重提高复购率

现实的资本市场是残酷的，残酷到很多时候能触痛企业发展的神经，让企业从一路高歌到开始走下坡路。但资本又并不总是无情的，它可以给予企业无限的生机，但前提是企业要有盈利和估值。

盈利与估值是企业发展的目标，单纯的运营能力早已无法支持企业实现高盈利、高估值。对此，无数企业企图通过吸引更多新用户实现盈利，提升估值，但最终的结果都不尽如人意。

◉ 复购多一次，盈利涨一点

美国经济学家雷切海德在《哈佛商业评论》的一篇文章中说道："对于一个企业最忠实的顾客，也是给这家企业带来最多利润的顾客。"仔细研读企业的发展史不难发现，在企业盈利中，老用户远比新用户的贡献要大。当用户不断购买同一企业的产品，企业的盈利才能持续增长，估值随之上涨。所以，企业想要实现盈利提升，便应该从提高复购率着手。

复购率衡量的是用户对同一品牌或是企业产品的重复购买次数，重复购买次数越多，说明用户对产品和服务高度认可。经过研究发现，争取一个新用户的成本是留住一个老用户的 5 倍。所以，企业在吸引新用户的同时，要将主要目光放在老用户身上，将复购率转化为高盈利、高估值，为企业注入新的活力与生机。

在获客成本逐渐增高的情况下，企业要想实现长期发展，绝不能只一味依靠增加营销费用。有效转化现有用户，增加留存率，提升用户的付费意愿，对各个企业来说都是不小的挑战。可以说复购率是诸多企业发展的阿喀琉斯之踵[①]，但美国的一家企业却多年保持高复购率、高盈利的辉煌成绩。

2019 年 8 月 27 日，上海一家开业仅一天的量贩店一度被买到暂停营业，在网络上从"开张被挤爆"到"投放平价茅台"持续引爆话题，可以说是刷足了存在感。而这家"落沪"第一天就有如此成就的量贩店正是 Costco，它是美国最大的连锁会员制仓储量贩店，同时，它还打造了一个复购率超过 90% 的会员体系，成为无数企业和创始人学习的标杆。

在电商为主的时代，Costco 这个传统零售商可以有如此高的复购率和估值，主要是凭借着"三足鼎立"。

首先是 Costco 的定位。与其说 Costco 是一家仓储量贩店，不如说它是为人们提供生活解决方案的零售商。一般的商场，商品品类极多，就像沃尔玛的常态 SKU（库存量单位）高达 13 万多个，基本囊括常用的生活用品。反观 Costco，它的商品品类极少，SKU 仅有 4000 个左右，但这些商品都是高频、刚需商品，极大减少了用户不必要的购物时间。

其次是 Costco 的物美价廉。Costco 高复购率的原因之一就是商品本身卖得很便宜，就像雷军所说的那般："进了 Costco，不用挑、不用看价钱，只要闭上眼睛买，这是一种信仰。"

---

① 阿喀琉斯之踵（Achilles' Heel），原指阿喀琉斯的脚跟，因是其唯一一个没有浸泡到神水的地方，是他唯一的弱点。后来阿喀琉斯在特洛伊战争中被人射中脚跟致死，现在一般是指致命的弱点、要害。

Costco 绕过了中间商，选择直接与生产商合作，减少中间环节的差价。此外，Costco 还自建品牌，商场中有 25% 的商品都是它的自营品牌。一旦供应商不愿意降价，Costco 随时都可以用自营品牌进行替换。从成立至今，Costco 的毛利始终低于 14%，与同行相比至少低 10 个百分点。

最后是 Costco 打造的会员制。最初，Costco 为了抓住用户推出了会员制，但当时的人们根本无法接受先付费的购物方式，也不了解会员制。所以当时选择成为会员的用户很少，Costco 的发展也因此一度受挫。

针对这一困境，Costco 开始对会员制进行改变：给精英会员返点，只要有消费，就会返消费金额的 2%。除此之外，Costco 还推出用户办一张会员卡还可以免费再带一张家庭卡的项目。这些措施实施之后，Costco 的会员迅速增加，且第二年的续费率高达 96%。

Costco 为美国中产阶层提供生活解决方案：低价、高质、省心、省时，从产品质量、服务和会员体制切入，提高用户的复购率的同时也提高了企业估值。

⊙ 盈利与估值，复购率的方向

对企业来说，依靠新用户产生的盈利能力是有限的，但当新用户通过反复购买变成老用户，企业便能获得长久的盈利和持续的发展，一是因为复购的用户成本较低，二是不断复购的产品收益较高。想要提升复购率，企业需要"两手抓"。

一手抓产品的功能体验。产品功能体验包含两个方面，一是产品的品类，二是产品的质量与服务。随着用户需求的不断增加，产品更新速度不断加快，单一产品已经无法满足用户，所以，企业想要提高复购率，不仅要把握产品的质量关，做到以"质"取胜，还要迎合市场和用户需求对产品进行扩充，让用户可以在这里选择自己所需要的最新产品。

任何形式上的商品售卖，最终卖出的都不仅是产品的实物，而是包含着内容、体验、服务和售后等价值。从这一点说，用户最直观的衡量企业的方法就是产品好不好，以及产品出了问题之后售后的速度与态度。产品质量好，出现问题之后售后态度好、速度快，那么用户在下次消费的时候会优先考虑，这也在一定程度上提高了企业复购率。

在市场中，有很多企业在最开始的时候推出一些优惠力度大的产品来吸引新用户，大量新用户也会选择去购买。但用户在使用之后发现优惠产品是降低成本后的次等品或是临期品，这样的企业只会被用户清理出局。

一手抓合理的会员体制。很多企业在产品做到一定规模之后就会开始建立自己的会员体制，一方面是为了丰富对用户的服务，另一方面则是为了提升会员的黏性。

会员体制虽然已经由来已久，但依然对用户有着很强的吸引力。常见的会员体制就是"会员卡"模式，比如亚马逊的 Prime Air、京东的京东PLUS、小红书的黑卡、36氪的年卡等。"会员卡"模式对用户有着极大的吸引力，可以让用户在固定周期内享受到优惠。会员尊享活动、积分换购、会员成长体系这些合理的会员体制设计正是提高企业复购率的关键秘籍。

企业需要注意的是，一个高复购率的会员制绝不只是为了赚取用户手中的钱。那些短视企业的会员制只会让用户对其避之唯恐不及，比如办卡前对用户的各种承诺，办卡后不仅没有兑现，反而将用户晾在一边，甚至要求用户进行二次充值才能享受服务。这种行为在短期内或许能让用户充值，但时间久了，必定会被用户所抛弃，大大降低企业的复购率。

复购率既是企业发展的最大阻力，同时也是最大助力。无数企业因为低复购率盈利每况愈下，但也有无数企业因为高复购率渐入佳境。企业想要实现发展，在日益激烈的市场中占得一席之地，就要从复购率着手，以最低成本，在最短时间内实现高盈利、高估值。

第三节　发展最忌毫无节制地规模化

曾经，大众市场一直在向消费者传递追求流行，和他人拥有相同产品的观念。无数大品牌的优势便是为所有用户提供无差别的服务与体验，开始规模化发展。然而，随着人工智能的出现，消费者开始倾向于个性化的产品和体验，开始追求"独一无二"，这让原本提供无差别服务的企业顿时陷入危机。

当规模化从优势转变为劣势，从提高企业估值变成阻碍企业估值的时候，企业就要思考曾经的规模化是否还适合新时代下的发展，是否还能为企业的估值添砖加瓦。

⊙ 时代催生去规模化

在以前的市场中，规模化为企业带来了显著的竞争优势，它帮助企业降低了发展成本，在行业中搭建起了壁垒。市场见证了无数大型企业的诞生。但如今多变且残酷的市场让这些曾经看似无比强大的企业逐渐被削弱，甚至最终消失。柯达、摩托罗拉的倒下就是很好的例子。

作家凯文·马尼与风险资本家赫曼特·塔内加在合著的《去规模化》一书中对行业大势做出了预期，消费者市场的转变是其中一环。这并非是初创企业在妨碍老牌企业，而是人工智能与其催生的技术浪潮，使得高度专注的小型创新企业能够与传统的老牌规模经济企业进行有力抗衡，他们称之为"去规模化"。

在规模化的固化思维下，无数企业在面对去规模化时都不知所措，目睹有的规模化企业倒下，有的去规模化企业重整旗鼓。在去规模化的驱动下，企业将毫无优势的"触手"砍去，留下最具有竞争力的部分，然后以与众不同的服务满足用户需求，重新夺得市场。

美国的 Stitch Fix 正是去规模化成功的一大代表。通过去规模化，Stitch Fix 在 6 年时间内估值 40 亿美元，2019 财年第三季营业收入为 11.45 亿美元。

传统电商为用户提供了一个存有海量商品的仓库，用户可以通过搜索等方式找到自己所需要的商品，但 Stitch Fix 却剑走偏锋，根据与用户约定好的周期为其邮寄商品，如果对邮寄的商品都不喜欢，用户可以免费退回给 Stitch Fix。

那么，Stitch Fix 敢如此做的底气来自何处，它的制胜之道又是什么呢？同样是卖服装，Stitch Fix 为什么可以做到高盈利、高估值呢？

许多用户在购买衣服的时候都会有选择困难症，不知道自己更喜欢哪一件，应该选择哪一件。Stitch Fix 抓住了用户这一心理，剑走偏锋，选择了不同于其他企业的去规模化。

Stitch Fix 在用户注册的时候会对用户的体型、穿衣偏好和经常活动的场所进行调查，同时会邀请用户登记 Linkedin、Instagram 等社交账号，从中深度挖掘用户的穿衣喜好，丰富用户标签，建立对用户的基本认知。

Stitch Fix 会给每个用户从不同维度打上丰富的标签，有时会多达 150 个，通过机器算法和专业人工挑选两道工序，在大量造型师做出专业判断之后，向用户定期邮寄 5 件衣服，并附上搭配方法。Stitch Fix 的商品推荐准确度高达 90% 以上。

最初，Stitch Fix 只涉及女装，后来经过探索之后开始涉足男士服装、鞋子以及配件等品类，品类的丰富度得到极大的提升。在供应链中，Stitch Fix 已有 700 多个合作品牌，他们可以称之为独家品牌，因为这些品牌大多会为 Stitch Fix 的用户进行定制化设计和生产。

Stitch Fix 的高营收和高估值主要是源自于它的去规模化，对用户的专业化设计，定向性销售，让用户从中享受到独一无二的服务和体验。

作为一个在激烈的市场竞争中生存下来并实现高估值的企业，Stitch Fix 对整个电商行业以及新零售都有着很大的启示。Stitch Fix 虽然在前期发展远不如亚马逊快，但这正是它未来所要走的路，在追求个性化、追求独特价值体验的道路上拒绝规模化，始终坚持企业的去规模化发展。

⊙ 去规模化的未来

当企业发展到一定程度，多就是少，企业若是盲目扩大分类和项目，在同等资源下，每个分类和项目得到的资源必然会因此受限，最终产出的成果沦为平庸。如今，随着去规模化这一趋势的持续发展，规模化优势正在逐渐失色，不论是谁都要顺势做出调整。

去规模化的发展，会让产品迭代升级变得更为快速，用户群体更为精准，市场需求更为明确，最终实现企业估值的稳步提升。而针对企业去规模化，有三点可以借鉴。

首先，由点组成面。大部分企业在成立初期都会将目光集中在一个利润点上，做到心无旁骛，实现盈利。但随着用户的需求增多，无数蓝海纷纷涌现在市场，企业认为"广撒网"才能"捞大鱼"，开始了齐头并进的开拓之路。企业看似有了更多的利润点，但实际上企业已经成为艰难运作甚至随时可能会崩坏的机器。

想要实现去规模化，企业就应该学会让自己变成一个有无数点所组成的面。点是每一个"小公司"，而面则是所有点组成的"综合体"。每一个"小公司"都负责自己分内的事，以"综合体"为中心开始运作，力求做到术业有专攻。

其次，寻找合作联盟。不论是哪家企业，都无法兼顾所有方面，就像是苹果公司也会选择将产品制造外包。所以，企业不要认为自己可以面面俱到，独立运作只会加大企业的负担。企业应该学会寻找合作联盟，通过资源和信息共享形成强大的市场竞争力，抵消自身的规模化不经济，最终实现合作方的共同获利。

此外，企业还应该拓宽发展空间，加速线上线下的品牌合作，实现从单一营销到多元营销的转化，逐渐搭建起适合自身发展的营销体系，提高企业的盈利和估值。

最后，转变为平台。当企业发展到一定阶段，就应该摆脱毫无节制的规模化，将自己转变为一个可以承载更多商业模式和营销体系的平台。转变为平台的基础便是先将组织结构去规模化。在组织结构去规模化的过程中，让平级化和外包型组织取代原本偏向僵化的部门，减少公司的层次，让决策层与高层的距离更近，实现灵活管理。

将组织结构去规模化之后，企业还要将目光放在加快商务电子化上。通过商务电子化帮助企业强化产品流、资金流和信息流的集成管理，提高企业的运作效率，为企业发展扩大增加空间。

在去规模化的新时代，如果企业的目标明确，将用户体验放在企业发展的中心，那么在与那些对所有用户不加以区分、一视同仁的企业进行竞争时，它将会赢得更多的用户，获得高盈利和高估也会更有胜算。

第四节 成本管理和预算管理是关键

当谈及管理，每个企业都觉得有必要，但每个企业都很头疼：成本管理困难重重，预算管理劳而无功。原本最重要的管理工具，最后只能被束之高阁。规划并制定成本管理和预算管理措施的确不易，因为管理背后承载的是整个企业的战略和运营，有着严密的逻辑，又有着感性的艺术。

成本管理与预算管理是企业管理的两个关键部分。将成本管理与预算管理相结合，企业便可以拥有一套上承战略、下接盈利的管理模式，帮助企业降低成本，提升经济效益，提高企业估值。

⊙ 左手成本，右手预算

无论何时，企业想要顺利发展就离不开成本管理与预算管理，在两者的双管齐下之下，企业能充分掌握资金的流向，减少对资金的不必要浪费。

成本管理是企业发展过程中对各项成本核算、成本分析、成本决策和成本控制等一系列管理行为的总称，它主要是由成本规划、成本计算、成本控制和业绩评价四部分组成。成本管理是企业管理的重要组成部分，它要求企业制度系统而全面、科学且合理，对促进增产节支、加强经济核算、改进企业管理、提高企业整体水平有着极为重大的意义。

想要充分了解成本管理，首先要了解成本管理的三大原则。

第一，开源节流双管齐下。过去，成本管理的主要手段便是节流，也就是节约开支，以达到控制成本的目的。但在当下，只是节流无法助力企业更好发展。所以，企业在成本管理上要开源节流双管齐下，而不是只节流，这样只会阻碍企业的发展。

第二，管理制定目标。实现企业目标需要资金的支持，这就要求企业建立起科学的费用评估和控制体系，对各项成本的支出进行限制和监督，对实际目标的费用进行控制，最大程度上减少可能发生的浪费。

第三，责权相互制约。企业项目的开展需要各个部门的相关人员通力合作，所以相关人员也都承担着一定的成本责任，在规定的权力范围内也享有一定的权限，比如责任人有权决定开支数额和方式等，要合理利用权限，科学控制成本。

说完成本管理，接着来说预算管理。预算管理是企业在战略目标的引导下，对未来的经营活动和相应财务结果进行充分且全面的预测与规划，并通过对执行过程的监控，将实际情况与预算情况进行对比与分析，进而对经营活动进行适当调整，加快企业实现战略目标的步伐。

预算管理在企业发展过程中是至关重要的一个环节。首先，预算管理在考虑多方因素下，为企业制定未来可行的发展目标。其次，预算管理还能促进企业内部的合作与协商，它可以让管理者站在全盘角度去考虑价值链之间的关系，也是一种良性的沟通手段，可以渗透到企业的各个角落。再次，预算管理可以促进各个项目的实现，优化执行方案，提高生产效率。最后，预算管理可以帮助企业增强预见性，避免企业的盲目行为，激励成员完成企业的既定目标。

需要注意的是，在预算管理中有三大误区迷惑着企业，即预算管理不合实际、对预算管理的过度依赖及预算管理监管不到位。

第一大误区：预算管理不合实际。预算管理是企业在未来某一段时间内的财务计划，所以，在进行预算管理时，企业就要根据自身的发展情况来制定目标。若预算管理的目标过高，无法完成就容易打击员工的积极性，若是太低便没有激励性。

第二大误区：对预算管理的过度依赖。预算管理虽然在企业管理和发展中处于重要位置，但它并不意味着可以代替企业管理的所有职能。管理者必须明白，预算管理会随着外部环境的变化而受到影响，最终影响执行效果。

第三大误区：预算管理监管不到位。预算管理的后续执行需要监督跟踪，进行深度、定量的科学分析，而不是简单将预算值与实际执行情况进行比例计算。若只是简单的比例计算，企业很难确定产生预算差异的原因，更无法将预算的实际执行情况与企业经营进行联系。

正确的成本管理，可以将企业战略数据化，清晰展现在众人眼前；帮助企业深入了解业务及数据背后的逻辑，做到不疏不漏。成本管理和预算管理的融合，既帮助企业考虑到成本的合理性，也考虑到执行的可行性。

⊙ 松弛有度，整合设计

不管是预算管理还是成本管理，企业都希望在最大程度上减少支出，增加盈利，最终提升估值。想要做到这一点，企业必须在预算管理和成本管理中严格掌控以下三种成本。

第一，购入成本。公司在采购过程中，如果只能看到采购产品价格的显性成本，而忽略了其对原料和产品的隐性成本，那么企业将失去对价格成本的控制权。所以，企业要从整体上适当缩减购入成本。

第二，生产成本。在企业发展中，生产成本在很大程度上决定着产品价格，生产成本越高，价格越高。但在生产成本的成本管理和预算管理中存在两大难题：一是生产计划和物料计划的不协调。在生产过程中，物料计划往往会落后于生产计划，针对这一情况，生产线通常会选择停工待料，或是紧急更换生产物料。二是生产报废现象频繁。企业将目光集中在生产速度上，而忽略了管理和核算，最终导致产品不达标，频繁出现报废现象。

所以，针对成本管理和预算管理，企业应建立严格的生产和材料计划，专人负责生产资料的使用，避免出现因过多或是过少而造成的成本浪费，以及产品质量问题。

第三，售后成本。售后是所有企业必须向用户提供的服务。企业对用户的售后承诺越多，成本便越高，诸多企业在售后方面只注意建立和完善服务体系，完全忽视了售后过程中的损耗问题和人工成本，造成了不必要的成本浪费。

想要在最大程度上减少售后成本，企业可以选择与当地经销商合作，建立区域性服务平台，详细登记维修费用，注意隐性成本的增长。

成本管理和预算管理贯穿企业发展的全过程。加强成本管理和预算管理是降低成本、提高企业盈利的重要手段，也是影响企业估值的因素之一。对成本管理和预算管理的把控体现出企业的综合水平，企业想要长久发展，必须同时强化成本管理和预算管理，以此来适应市场经济发展的要求，最终达到提高企业估值的目的。

第十章

九个亿——无形资产的"致胜秘籍"

产业结构不断向"软件"化的方向发展，而这一转化过程使得无形资产在企业中的地位不断上升，价值也越来越高。无形资产虽不像土地、产品等有形资产一样具有明确的价值，但它却是企业经营最有价值的资产，它在企业价值评估过程中具有重要作用，是企业估值的附加值。

无形资产是企业品质、知识产权、商誉、数据等综合实力的体现，是企业的宝贵财富，对于企业盘活资产，进行产权重组，提升生产率具有重要意义。企业要管理好无形资产，为企业创造价值，为企业创造巨大的经济效益。

第一节　无形资产是企业的护城河

今天，中国企业的竞争焦点已然发生了显著的变化：企业间竞争的核心之力由有形资产无声地转向了无形资产，尤其在当下整体经济下行压力加大的市场环境中，无形资产于企业，如同一条透明的护城河，守护着企业成长。

著名投资人巴菲特曾说："想要获得超额利润，必须为自己的公司挖护城河。"无形资产这条护城河的优势日益显著，越来越多的企业管理者开始思考如何充分经营管理无形资产，从而使企业估值实现最大化。

⊙ 无形资产，估值无限

无形资产是指企业中没有实物形态的特殊资产，是企业发展与价值评估过程中不可或缺的独特资源。它主要包括专利权、商誉、商标、企业文化、品牌影响力等。无形资产已经成为企业所拥有的一种不可替代的资本，是企业在市场竞争中提高价值的重要因素。基于无形资产的重要价值，企业管理者们愈发重视对专利、商标、品牌形象等资产的开发与利用，使其成为企业独特的优势，促进企业的发展壮大，以求企业在市场竞争中立足。

尤其是对于成熟企业而言，无形资产的重要性远超有形资产。可口可乐前任董事长罗伯特·士普·伍德鲁夫曾表示，如果有一天可口可乐公司被大火烧成灰烬，他依然可以凭借"可口可乐"这一商标品牌，重塑企业。耐克没有一家生产厂，却依然在运动鞋市场占据霸主地位，凭借的便是"耐克"品牌商标和超敏锐的设计开发能力。

无形资产的价值不仅在于能够帮助企业提升竞争实力，还在于它具有无限的估值力，它在企业估值过程中不仅是一种可评估的资产，也是一个企业综合实力的集中体现，是企业科技、文化、精神、管理等多个方面成果的共同凝结。

企业价值的评估是从企业的整体进行，企业中有形的资产可以根据市场评估值作出判断，但无形资产却需要通过多方面的分析才可作出判断，其具有的无限估值力，是企业进行高估值评测的重要着力点。因此，对无形资产的评价在企业进行合并时尤为重要，甚至很多进行合并的企业，中间的联系纽带便是无形资产所创造的巨大价值。例如，吉利集团对沃尔沃汽车的收购，看重的便是沃尔沃汽车的无形资产，即沃尔沃汽车的专利、品牌影响力、商标使用权、遍布100多个国家的销售渠道等。

无形资产已经渗透于企业的生命线，是企业发展与生存的力量。一定程度上可以说，无形资产是企业可持续发展的核心，当一家企业逐渐趋于成熟时，它所具有的就是动产、不动产、无形资产三大核心部分，而在大数据、云计算的快速发展下，无形资产占总资产的比重将越来越大。靠无形资产塑造地位，争夺世界资源，已经成为国际市场中经济竞争的新趋势。

无形资产的价值是不可估量的，国际市场竞争日趋激烈，众多企业纷纷寻求新的核心竞争力，无形资产作为价值创造的支柱，在企业中的地位也逐渐升高。企业纷纷以无形资产作为独特资源进行布局，将无形资产塑造成企业发展的护城河，以其无限的价值垒建企业高估值。

⊙ 管理资产，增值保值

无形资产作为以知识形态存在的重要经济资源，在企业价值评估过程中创造的价值越来越受到重视。企业除了要开发无形资产，还要加强对无形资产的维护。加强对无形资产的管理，是对企业自身的一种保护。因此，企业可以通过以下几点来开发和管理好企业的无形资产，使其保值增值。

第一，设计专门机构。无形资产具有多样性，它的存在细小而烦琐，要想全面了解企业真正具有的无形资产以及价值，就需要建立专门的无形资产管理机构，并制定无形资产管理制度，让专业的人员，对企业中的无形资产进行全面管理。

第二，高质量与高创新。无形资产具有转化性与增值性，无形资产虽然是无形的，但是它可以同有形资产相结合，为企业产生巨大的经济效益，确保企业的增值。企业要加强无形资产的转化与增值，就要保证它的质量与创新力，质量与创新是无形资产续存的生命力所在。

例如，品牌影响力这一无形资产，它的存在依附于企业产品的质量与创新。只有保证了产品的高质量与高创新，才可以形成强大的品牌影响力。所以，要想完成无形资产的转化与增值，就要实现高质量与持续创新，如此，企业才可以实现高效益。

第三，技术保护。无形资产因为存在价值而具有交易性，很多企业会用专利、商标等在市场上进行有偿转让，而在产权交易的过程中，需要注意无形资产的安全防护，要用高科技保护无形资产的安全，以防资产泄露，造成无形资产流失。

第四，深入挖掘。无形资产具有潜在性，它需要企业在生产经营的过程中逐渐培育，而无形资产的培育是一个企业综合实力的集中体现。企业要想拥有更多的无形资产，就需要在企业的商业模式、营销技巧、人才、精神和信誉等多方面进行研究与开发。但企业需要注意的是，在开发无形资产的过程中，要循序渐进，无形资产增加是积累的过程，要炼好内功，按照培育和开发无形资产的既定战略一步一步地抓好落实。

第五，更新换代。无形资产的价值不是一成不变的，它受多方因素的影响，尤其是在时代快速更迭的背景下，无形资产的价值也会出现更迭。所以，企业要定期对自身所具有的无形资产进行评估，尤其是专利技术等易被淘汰的资产。一旦发现无形资产需要更新换代，便要加快速度进行调整，从而抢占先机，占领高地，促进企业健康长久发展。

无形资产的价值不仅体现在自身所独有的经济价值上，还反映在因其而形成的竞争与创造的协同效应上。无形资产是企业的护城河，是企业价值评估的重要力量，是企业塑造高度的重要基点。投资者在对企业进行资产评估时，考虑的是企业整体的动态性价值，企业要加固好"护城河"的力量，以无形资产铸造企业高估值。

第二节　知识产权于企业不容忽视

无形资产是企业价值评估的重要因素，其于企业而言是宝贵的财富。无形资产包含多种因素，知识产权是企业无形资产的重要组成部分，是无形资产中不容忽视的价值组成。在创新型企业层出不穷，市场竞争日益激烈，知识经济风暴袭来之际，知识产权这一无形资产是企业重要的支撑力，是企业生存与持续发展的主要资源。保护知识产权，就是保护企业的生命之源。

⊙ 无形资产，智慧为上

江苏恒瑞医药股份有限公司（以下简称"江苏恒瑞"）通过自主研发，研制出用于治疗免疫系统疾病的JAK1抑制剂，这项技术是江苏恒瑞的专利产品。江苏恒瑞将这项专利有偿许可给了美国Arcutis公司，获得2亿多美元，江苏恒瑞凭借这一资金开启了医学研究的大门。

陕西宝鸡专用汽车有限公司在企业发展过程中，突遭资金链断裂，在企业陷入瓶颈之际，将企业所属的15件专利进行质押，以此获得2000万元贷款，解决了现金流短缺问题，企业自此更加注重知识产权研发。

在知识经济时代，企业的知识产权正在转化为实际价值，以多样的形式融入市场经济之中，为企业高质量发展提供不竭动力。知识产权是企业智慧创新的凝聚，承载着巨大的价值。知识产权不仅是传统产业焕发新生机的秘密武器，更可以为那些知识产权密集型产业，形成一道道知识产权的防护墙，为其发展保驾护航。

2018年，我国为释放知识产权价值，不断促进知识产权运用从单一效益向综合效益转变。国家知识产权局数据显示：2018年，知识产权使用费进出口总额超过350亿美元；专利、商标质押融资总额达到1224亿元，同比增长12.3%；专利质押项目5408项，同比增长29%；评选中国专利金奖和外观设计金奖40项，金奖获奖项目自实施之日起至2017年底实现新增销售额835亿元。

在企业的发展中，作为企业的无形资产，知识产权为企业创造的价值有的会远超于有形资产。爱立信（中国）通信有限公司（以下简称"爱立信"）在知识产权的创造上投入了大量精力，而知识产权也为其创造了巨大财富。

爱立信是一家世界领先的为全球移动和固定网络运营商提供电信设备和相关服务的供应商。2019年1月17日，爱立信正式发布了首个5G小基站，这一5G小基站具有5G无线点系统，在逐渐到来的5G时代，能满足室内移动宽带的需求。

其实，早在2017年爱立信就通过官网透露，要将100多位专利发明者的成果融入5G小基站中，并进行5G专利申请。不止如此，爱立信更是进行长远布局，在申请5G专利时，还同时申请了以5G发明为核心的补充性套件的知识产权保护。2018年，爱立信拥有将近5万件专利。

可以说，爱立信是一家拥有业界最强大的知识产权组合之一的老牌企业，其每年在技术专利上的研发成本超过50亿美元，也正是因为这强大的投入，爱立信在行业中一直保持着技术优势。

爱立信在知识产权上的投入是值得的，其每年的知识产权收入都在总收入中占据极大的比重。例如，2015年，爱立信在知识产权上的年收入约为100亿元，共占其公司总收入的7%。也正是知识产权创造的利润，使爱立信明白知识产权对企业持续发展的重要性，因此，积极研发5G专利，以便在5G时代开创更新的未来。

知识产权是企业的智慧财富，通过对知识产权的深入挖掘与合理利用，知识产权将会成为企业新的利润爆发点。爱立信对知识产权的重视与利用，使得其迅速成长。因此，企业要充分利用无形资产，对知识产权进行深入研发，以智慧之种塑造价值之果。

⊙ 保护产权，续力生命

据新华网报道：我国的知识产权保护成效在日益显现。统计数据显示，到2017年底，我国国内（不含港澳台）发明专利拥有量达135.6万件，已成为《专利合作条约》框架下国际专利申请的第二大来源国。在世界知识产权组织等机构发布的2017年全球创新指数排名中，中国名列第22位，居全球中等收入经济体之首。

中美贸易摩擦，其实也可以称为"知识产权摩擦"，因为在中美贸易摩擦中，被提及最多也是最关键的一词便是"知识产权"。众多企业从中美贸易摩擦中感受到知识产权的威力，知识产权的争夺给众多企业以警示。很多企业因为对知识产权的不重视，使企业损失惨重。例如，有些企业辛苦多年研发出来的技术，因没有申请专利，被他人在短短一月内抄袭使用。

所以，企业一定要有知识产权的保护意识，知识产权是企业的财富，是企业中最有价值的无形资产，是企业价值评估的核心力量，是企业重生颠覆的生命源。知识产权的保护并非易事，需要企业从多方面着手，以下几点仅为企业在知识产权保护上提供一些建议与帮助。

第一，拒绝拖延。很多初创企业在企业发展初期，会将大部分的精力放在企业产品研发与融资之上，如此一来，便忽视了对知识产权的保护，只等企业步入正轨后才对知识产权申请注册。然而，殊不知，越是拖延，便越有可能使自身竭尽全力研制的产品被他人盗取。所以，对知识产权的保护不容拖延，越早申请注册越好。

第二，全面布局。企业大多时候往往只会对单一的商标、专利等申请保护，而忽视由商标、专利所衍生出的其他知识产权。企业在发展过程中，一定要具备全局观，以长远的眼光把控全局，在保护知识产权时，不只关注某一单一的商标、技术，而是要围绕这些进行延伸性的知识产权布局，掌握所有相关知识产权。

第三，设置管理团队。知识产权的保护不是短期之事，它是一个长期的过程，因此，需要有专门的团队对知识产权进行管理。在企业内部设置保护机制，成立知识产权管理团队，对企业内的知识产权进行专门的管理与保护。如此，企业便不会因其他事务而忽略对知识产权的保护，也使他人难以侵权。

第四，建立档案。对于初创企业而言，人力是有限的，可能无法在初期成立知识产权管理团队，那么，就建立知识产权档案。对企业的知识产权研发过程进行详细记录，此外，还要对权利证书、知识产权合同、知识产权权利证书等资料妥善保存，建立成档案。一旦日后出现知识产权纠纷，便可为维权诉讼提供足够的证据，维护自身的权益。

不管现在还是未来，无形资产都是企业生存发展的关键，企业无形资产可以使企业在价值评估过程中增值数倍。知识产权作为企业核心的无形资产，更是企业增值的主要力量。知识产权保护得越好，布局越长远、完善，企业的估值就越高。知识产权不容忽视，加强对知识产权的重视与保护，是对企业未来的谋益。

第三节　商誉越高企业价值会越大

　　市场的每一次变化，都会给企业带来巨大的机会，每一次市场机遇，都是企业重要的窗口期。市场，是企业成长的沃土，而在市场中，企业需要有商誉，商誉是企业稳固市场的根。商誉是企业在复杂的市场环境中必须垒建的无形资产，是企业在商业世界中不可抛弃的永恒动力。商誉在企业获得收益过程中发挥着重要作用，尤其是在企业的估值过程中，是企业获得高估值的重要因素。有商誉的企业，才会有持续飞跃的"超能力"。

⊙ 商誉无形，价值无限

　　20世纪著名的经济学家欧文·费雪曾经说过："凡是可以产生收入的都是资产。也就是说，体力是资产，智慧是资产，美貌是资产，口才是资产，关系也是资产。"企业可以拥有众多的资产，然而，具有同样资产的两家企业，依然会出现一家的盈利能力超过另一家的情况。究其原因，便在于企业商誉价值的不同。

　　所谓商誉是指企业因各种因素，在用户群体中具有较高的信誉，从而具有良好的经营状况，形成高于同行业其他企业的获利能力。商誉是企业中那些无法描述却可以为企业创造巨大价值的无形资产，如企业的社会关系、领导力、团队力等。

商誉作为企业的一种无形资产，不同于人们所常知的商标、专利等无形资产，从侧面讲，商誉是社会对企业的好感度，是由企业优越的地理位置、良好的企业声誉、卓越的管理团队、高素质的员工等构成的。由于这些构成因素无法形成实际入账金额，因此，商誉实际上是指企业各种未能入账的无形资源。

例如，一家上市企业要并购另外一家未上市企业，未上市企业的净资产为1000万元，而上市企业出资1500万元进行并购，那么，未上市企业的商誉便为500万元。即，这家被并购企业的有形资产价值1000万元，地理位置、口碑等无形资产价值500万元，在财报中500万元便被计为"商誉"。

在后期发展过程中，被并购企业的商誉给上市企业创造的价值远超500万元，那么企业商誉便被称为"优质商誉"，反之，如果收购方没有实现最初的业绩承诺，企业商誉便会减值。

商誉并不等于企业的商业信誉，它的本质是指企业中人、才、物三者之间相互作用，使企业形成最佳状态。而关于商誉的本质，著名会计理论学家埃尔登·亨德里克森在其专著《会计理论》提出"三元论"，即好感价值论、超额收益论和总计价账户论。

好感价值论是指企业因良好的形象以及用户对企业的好感而形成的商誉，这种商誉多源于企业的口碑、良好的用户体验等，这些因素会让企业拥有大量用户群，而用户是企业价值提升的重要力量。因此，商誉的好感价值越高，企业在进行价值评估时的现值便会上升。

超额收益论是指企业可以依靠商誉获取比同行业平均盈利水平更高的

利润，即商誉可以使企业形成超额利润。因此，企业商誉便是指在企业发展过程中可以为企业经营带来超额利润的潜在经济价值。商誉不能独立存在，它具有附着性，只能依附于企业整体，商誉的价值通过企业整体所创造的超额利润来体现，创造的超额利润越高，商誉价值便越高。

总计价账户论也被称为"剩余价值论"，认为商誉是一家企业的总计价账户，是企业整体价值的附加部分。

"三元论"呈现出商誉不同的性质，但从整体而言，商誉可以为企业创造间接的经济效益，众多企业为了自身发展与评估价值积极塑造商誉。新浪网报道，数据统计显示，截至 2018 年三季度末，A 股共有超过 2000 家上市公司存在商誉，商誉总额约为 1.45 万亿元，同比增长 15%、环比增长 4%。其中，约 160 家公司的商誉占净资产比例超过 50%，21 家超过 100%。例如，华谊兄弟 2018 年资产减值约 14 亿元，其中，商誉减值约 10 亿元，截至 2018 年末，华谊兄弟商誉依然有近 21 亿元。

商誉无形，价值无限，商誉是企业整体价值的组成部分，为企业创造无限价值。随着经济发展不断提速，企业组织的形式日益复杂，企业之间的竞争愈发多样化，企业不再仅仅依靠企业与用户之间的良好互动关系，而是逐渐转向在内部管理、地理位置、商业地位等各方面塑造优势，这些因素便是企业的商誉，不仅可以使企业获得超额利润，还可以提升企业市场竞争力，提升企业整体价值。

⊙ 商誉价值，维护一线

商誉作为企业的一项不可辨认资产，能够在未来较长时间内帮助企业获得超额利润。商誉价值的高低，影响着企业的价值，一家企业如果拥有良好的商誉，必定更容易发展壮大。然而，商誉价值的维护并不是一蹴而就的，需要企业从以下几点逐渐提升企业的商誉价值。

第一，重视商誉的价值。

如今商誉是企业市场竞争的重要力量，可以为企业赢得市场份额，带来超额收益。具有良好商誉的企业可以获得大量用户群，更可以吸引人才。企业商誉价值提升的前提是重视商誉，一家企业只有在观念上重视商誉，才会竭尽全力提升商誉价值。如果企业忽略商誉的存在，不注意加以维护和提升，便会使商誉减值。

第二，建立健全商誉的管理机构。

商誉没有实物形态，不可单独存在，需要融于企业整体之中。如此，商誉便需要有专业的机构进行管理，尤其是当企业商誉出现减值情况时，如果没有管理机构对商誉进行统一管理，企业便无法对商誉有全面的了解与认知。建立健全商誉管理机构，制定一套行之有效的商誉管理制度，可以对企业中的商誉进行清晰的了解，从而依据企业实际情况，创建商誉风险防范机制，提升商誉价值的保障水平，从而使商誉价值稳步上升。

第三，提升企业信誉。

虽然企业商誉不等同与企业信誉，但是企业信誉是商誉的一部分，企业存在信誉，诚信对待用户以及同行，企业在市场中便会形成良好的口碑，企业的商誉价值便可以实现提升。

第四，对员工实行素质培训。

企业经营效益在市场，但根基在员工。员工的整体能力与素质，对企业的商誉具有重大影响。员工是企业一切发展的根本，是企业文化与诚信度的创造者。通过对员工实行素质教育，提高企业员工的素质能力，可以提升企业的商誉价值。

商誉价值与企业整体价值紧密相连，企业拥有良好的商誉，企业的整体价值便会上升。曾经追求做标准的一流企业，现在都在追求做无形资产与工匠精神，因为标准、商誉、品牌等都是企业无形资产的重要部分，无形资产又是企业发展的重要力量。商誉作为无形资产的一部分，是企业在估值过程中的附加值，对企业提升估值具有重要作用。企业塑造商誉，就是在塑造未来。

第四节　这个时代最值钱的是数据

这是一个怎样的时代？

这是一个信息化高速发展，大数据持续升级的时代。

在信息化、互联网的飞速运转下，大数据爆发形成新的产业，逐渐覆盖了金融、医疗、能源、交通等各行各业，大数据成为企业的核心战略资源。大数据是高科技时代的产物，它的核心便是数据计算。数据正在随着科技的进步迅速膨胀，它成为决定企业未来发展的无形资产，成为企业创造价值的重要着力点。

在这个信息快速发展的时代，众多企业需要依据海量数据创造出有形的价值，推动生产率新的增长。可以说，数据是现代企业发展不可或缺的力量，数据为企业提供客观、真实的市场反映，企业依据市场数据可以快速调整企业各方面的管理措施，从而提升企业整体的价值。

⊙ 数据之力，创造未来

数据在现代商业和社会体系中愈发重要，人类的活动、城市的运行、社会事件、新闻焦点等,在互联网繁荣发展的时代,通通演变为数据被记录下来,可以被人们快速便捷地查询、分享、挖掘。此外,数据地位不断上升,众多的数据研究人员依据数据发展,造就了完整的数据产业链,创造了数据产业的生态繁荣。

数据不仅为社会发展创造了价值,对企业而言,更是值钱的重要资产。大数据不仅是一场技术和产业的革命,更是企业打破信息壁垒、推动信息共享、了解市场动态的利器。企业通过数据可以有力提升企业管理科学化、精准化、高效化水平,增强服务经济社会发展、防范风险的能力。

数据应用于互联网中的各行各业,为互联网企业的发展提供便捷,而数据的价值是在其产生的环境和过程中形成的。例如,一家征信企业可以通过搜集用户的个人收入、信用卡消费、房贷等数据,来了解用户的信誉,从而做出征信判断。在这个过程中,数据的价值就体现在了企业征信判断上。企业从数据中挖掘出的价值,具有巨大创造力。

亚马逊作为一家互联网企业,每日要处理海量数据,但也正是这些海量交易数据为亚马逊塑造了价值。长期以来,进行客户数据分析是亚马逊定位客户和获取客户反馈信息的重要工具。亚马逊的各个业务环节都离不开"数据驱动",这家"信息公司"可以从每位用户的搜索、浏览、查看评论等数据上,整理出用户的消费喜好,从而为用户提供精准的商品推荐。此外,亚马逊还可以通过用户的历史数据来预测用户未来的需求,从而以数据为导向,为用户提供商品选择。正是这种对数据价值的重视以及挖掘,亚马逊才可以不断触及更广阔的领域。

掌握大数据,企业将拥有无限可能。亚马逊依据数据掌握未来,Netflix(网飞)同样利用数据价值,实现飞跃。作为一家视频网站,Netflix的用户数量超过美国全部有线电视用户的总和,而这一结果源于Netflix的数据利用。早在创立初期,Netflix便意识到了积累和管理数字资产的重要性，因此，从最初便开始着手积累用户喜好数据。

进入流媒体时代，作为在线视频平台，Netflix 更加强了对用户行为数据的搜集，了解千百万用户的视频选择与喜好。依据对用户数据的分析，Netflix 推出的视频《纸牌屋》《王冠》等一经上映，便获得了全球用户源源不断的订阅。2018 年，Netflix 新增了 2800 多万的付费用户，全球付费用户总数达 1.39 亿人，2019 年第一季度，Netflix 的全球付费用户便上升至近 1.5 亿人。

无论是亚马逊还是 Netflix，"数据为王"的理念以及充分利用数据价值，是它们抢占市场，实现快速成长的重要因素。企业的发展需要对市场精准把控，及时了解市场中的变化，这是企业立足市场的根本。而对市场动态信息的调查离不开企业对数据的全面分析，通过对市场信息数据的分析可以让企业直观了解到市场的发展趋势。今天，数据已经成为企业最值钱的无形资产，是企业获得竞争优势最重要的资源之一。

⊙ 价值优化，掌控时代

数据具有价值，不同质量的数据呈现着不同的价值，经历着从发现到聚变再到核变的过程。数据已经渗透于企业内部，如果企业对数据加以重视并利用，通过数据分析挖掘数据价值，可以进一步提升企业整体价值。那么，企业要想使数据价值呈现最大化，为企业估值提升附着力，就要学会合理利用数据。以下几点为企业提供数据利用的建议，希望企业可以实现数据价值最大化。

第一，两个方向运用数据。在大数据时代，企业可以分析更多的数据，利用数据掌握自身所需的信息。企业要想充分利用数据，就要从两个方向出发。一个是看的数据，一个是用的数据。看的数据要面向整体，即分析全部数据，尤其给企业管理者的报告，要从宏观程度上整理数据，让企业管理者通过对宏观数据的分析作出决策。而用的数据，则是面向个体，即面向用户，从微观数据出发，根据单个用户的行为数据，分析出用户的动态，从而针对用户信息反馈及时做出战略部署。

第二，单维相叠。如今，在企业中存在众多的单维数据，即每一系列数据仅针对一个分析点，企业只对一条条单维数据进行分析与利用，在这种情况下，数据所创造的价值并没有得到最大化，它只呈现出与其相关的很小一部分信息。因此，企业需要学会单维相叠，将单维数据进行链接，如此，数据便形成了多维化的链条，形成 1+1 > 2 的效果，企业可以在多维的数据链条中实现数据价值最大化。

当企业将多维数据应用于新的业务中时，会得到新的数据，如此循环，数据价值便会无限上升，数据价值上升的过程就是企业价值增长的过程。

第三，数据再利用。数据的价值不是一次性就可以挖掘出来的，它的真实价值具有潜在性，其全部价值远大于它最初的使用价值。数据并不局限于特定的用途，它可以因同一个目的或不同目的而被多次利用。企业要想使数据价值最大化，就要学会对数据重复再利用。

这个时代最值钱的是数据，最重要的资产也是数据，数据已经演变为企业运行的重要驱动力，是企业进行价值评估的要素，创造的数据价值提高，企业估值也会随之攀升。在大数据时代，企业要寻找隐藏的数据模式，以敏锐的数据洞察力，充分利用内部数据，整合数据资源，并根据数据在不同场景、不同业务、不同应用、不同对象中所具有的属性，创造有层次性的数据价值，创造有生命力的企业价值。

第十一章

十个亿——社会价值的"异彩纷呈"

在这个新时代，社会生产力的大幅提高、科技水平的迅猛发展要求企业不能止步于盈利的本分，还应该在盈利的基础之上认准并充分发挥自己的社会价值。看不到自己的社会价值，企业的发展就很容易偏离正确的轨道。

追求企业社会价值的最大化，实现商业价值与社会价值的双赢，是企业发展永恒不变的主题，亦是企业获得资本市场的认可，实现保值增值、进一步做大估值的关键。

第一节　文化塑造，价值上引领

2020 年，新的商业格局已然打开。新一轮的商业变革不仅使商业领域发生了翻天覆地的变化，而且在一定程度上引导了社会的价值导向。因此，企业必须要重新审视自己的商业活动，通过塑造良好的企业文化，创造良好社会价值。在彰显社会价值的同时，企业也能募集到更多发展的资金，进而实现估值的提升。

⊙ 浑然一体，相得益彰

所谓价值观，即基于人的一定的思维感官之上而作出的认知、理解、判断或抉择。它是一个人认识事物、辨别是非的一种思维或取向，能够体现出人、事、物一定的价值或作用。在人类社会发展中，价值观起着重要的作用。正确的价值观引领社会走向光明的未来，错误的价值观则会导致社会秩序混乱，发展止步不前，甚至一步步踏入黑暗的深渊。

回首过去，从西周时期到大秦帝国，再到西汉武帝时期，从礼乐文明到"耕战"思想，再到以儒学为主的官方意识形态，每一个历史时期都有着与其相适应的社会价值观。正是在这些观念的引领下，社会才得以不断向前发展。

居诸不息，寒暑推移。在21世纪的今天，以"富强、民主、文明、和谐，自由、平等、公正、法治，爱国、敬业、诚信、友善"为基本内容的社会主义核心价值观已然成为当代中国社会发展的精神之纲，集中体现了当代中国精神，成为全社会的共同信仰。其中，爱国不仅是社会主义核心价值观的最重要组成部分，而且也是中华民族的重要传统美德之一。

爱国是人们对自己的家园、民族、文化的归属感和认同感的统一，也是尊严感与荣誉感的统一；爱国既是人们对国家深厚感情的体现，也彰显了个人与国家之间密不可分的关系。对于广大人民群众来说，祖国是物质利益和精神家园的双重寄托。一旦失去祖国母亲的保护，个人就如同无家可归的流浪者。因此，热爱祖国既是责任，也是义务。

社会有价值观，企业也有自己的价值观。对于企业而言，价值观是企业的DNA。企业价值观不仅会影响企业文化、员工行为的塑造，而且会影响到企业的产品和服务。一旦企业的价值观出现偏差，在金钱利益等驱动下，企业便极易生产出劣质产品，传播低俗内容，损害大众身心健康。

毫无疑问，在生活节奏越来越快的今天，社会主义核心价值观是维护社会健康发展的重要武器。每个人都应积极践行社会主义核心价值观，依赖社会而存在、发展的企业尤其应该如此。企业要自觉将自己的价值观与社会主义核心价值观相结合，为弘扬社会主义核心价值观做出贡献，与社会共生共荣，引领良好的社会风尚。

⊙ 各有千秋，殊途同归

企业与社会彼此依赖，你中有我，我中有你。企业通过为社会提供各种服务、产品等，帮助人们解决了各种问题，提高了人们的物质生活水平，从而促进社会不断向前发展。社会因为企业的存在而变得更加丰富多彩。

在与社会的长期互动中，每一家或大或小的企业都形成了自身独特的价值观，虽不尽相同，各有千秋，但却殊途同归。很多企业的价值观是社会主义核心价值观在社会中的具体体现，都促进了良好社会风尚的形成。在正确价值观的带领下，企业全体员工能够心无旁骛，更快、更好地前行，实现前进路上的每一个目标。

从惨淡经营到市值达千亿美元，成立于 1998 年的腾讯，如何在十几年的时间内实现从默默无闻到享誉世界的蜕变？固然，促使成功的原因不只一个，但是，腾讯之所以能成为腾讯，一定离不开其强大的价值观自信。

法国著名思想家孟德斯鸠说过："不要试图同诱惑争辩，远远地躲开它。面对诱惑动不动心并不重要，重要的是为了诱惑而动摇自己的良心。"腾讯的成长之路不乏挫折、困难与诱惑，可贵的是，面对来自外界的质疑、诱惑、批评、赞扬，腾讯坚守正确的价值观，保持了足够的定力，使自身不被这些杂音干扰。

腾讯发展初期，在商业利益与商业道德的抉择面前，坚定选择了后者。腾讯没有跟风其他增值内容服务商，为了增加收入而无所不用其极。相反，腾讯在减少那些"红色""黄色"收入之后，积极开拓全新业务。如今，腾讯营收的主要来源之一就是游戏业务。

随着时代的不断发展与变迁，游戏早已成为一种社会现象。智能手机在普及中成为人们日常生活中最实用的工具，手游的崛起之势不可阻挡。然而，由于未成年人自制能力较差，无法合理安排游戏时间，且游戏内容质量参差不齐，未成年人沉迷于游戏等一系列问题也相继出现。游戏一时站在了舆论的风口浪尖之上。

作为游戏行业的领军企业之一，腾讯在意识到这一问题之后，率先自损利益，主动扛起了承担社会责任的大旗。为了做好未成年人的保护工作，腾讯高级副总裁马晓轶表示：对未成年人保护不做任何营收上的思考。

从 2016 年下半年起，腾讯开始筹备协助家长对未成年子女游戏进行健康监护的平台。2017 年 2 月 16 日，腾讯游戏成长守护平台正式上线。2018 年 8 月 4 日，腾讯应用宝"亲子守护 Beta 版"正式上线，旨在"为孩子们打造绿色健康的网络生态环境，以科技守护成长"。2019 年 3 月 24 日，面向老师和学生的"星星守护"正式上线。

腾讯通过实际行动，不断制定和完善着对未成年人游戏的保护措施，树立了践行社会主义核心价值观的典范，形成了良好的社会价值导向。腾讯以其实际行动向社会证明：惠及民众是科技发展的最终方向。

⊙ 积极践行，再创辉煌

企业文化是企业的灵魂，是每一家伟大的企业必不可少的重要组成部分。作为企业的员工，必须熟知企业文化，并积极践行企业文化。价值观是企业文化的主要内容之一，因此，企业在塑造形成企业文化时，要将社会主义核心价值观融入进去，使二者完美地结合在一起。在具体的实践中，企业可以从以下三个方面入手。

第一，积极宣传社会主义核心价值观。企业在牢记社会主义核心价值观的同时要注重对其进行宣传。例如，企业可以在自己的官方网站上、在企业文化墙上展现社会主义核心价值观的内容，使员工在耳濡目染中将社会主义核心价值观牢牢记在心中，并不断加深了解，强化认知。

第二，将社会主义核心价值观内化到企业文化之中。企业文化的建设与形成不是一朝一夕就可以完成的。在这个漫长的过程中，企业要有意识地将社会主义核心价值观融入进去，使其以一种通俗易懂的方式呈现在员工面前，让员工真正领会，使企业文化真正发挥作用。

第三，形成员工之间互相评比的竞争氛围。有竞争才有大的进步，有进步才能实现一次又一次的超越。通过评比树立标兵，激发每个员工努力向上的动力，促使大家形成共同的追求与目标，使企业文化和社会主义核心价值观得到更加有效的践行。

积极践行社会主义核心价值观，引领良好的社会风尚，是每一家企业都应该主动承担的社会责任。夯实好这一基础，企业才有可能真正实现强大，不断做大估值。相反，唯利是图，败坏社会风气的企业注定是短命的，终会被社会遗弃和淘汰，埋没在时代的洪流之中。

第二节　励精图治，筑人才摇篮

商业文明发展至今，企业雇主与雇员之间的关系悄然发生了变化。企业不仅要为员工提供解决温饱问题的工作，而且要令员工在工作中收获归属感和荣誉感，帮助员工实现自己的梦想和价值，从而树立起良好的雇主品牌形象。这是当今企业实现长久发展的必然选择，同时也是企业必须承担的促进社会经济发展、维护社会稳定的责任。

企业是人的组织，企业的发展离不开人才。良好的雇主品牌形象意味着人才的大量聚集与源源不断，有利于企业吸引资本市场的注意力，增加资本市场的好感度，进而助力企业估值得到更进一步的提升。

⊙ 树雇主形象，促估值提升

20 世纪 90 年代，Simon Barrow 和 Tim Ambler 提出了"雇主品牌"这一概念。雇主品牌是一种战略性品牌建设，旨在通过聚拢人才来提高企业的核心竞争力。它的载体为雇员，主体为雇主，良好的雇主形象则是建立在为雇员提供优质与特色服务这一基础之上。

诚然，影响雇主形象建立的因素有很多。随着经济的不断发展，裁员逐渐成为其中最常见的一种因素。如果企业无法做好裁员工作，那么企业的雇主形象将很难建立起来，其对资本市场的吸引力也将大大降低。

对于很多企业而言，裁员并不陌生。企业裁员的原因有很多种，从企业的角度来看，可以大致分为两种：主动裁员与被动裁员。主动裁员即企业辞退由于自身问题导致与工作要求不相符的员工。被动裁员即企业出于自身发展的需求及面临的客观实际（诸如经济危机、部门缩减）而必须裁退一部分员工。与主动裁员相比，被动裁员显得较为棘手。如果处理不当，会对企业和被裁员工双方造成不利的影响。

在企业发展变革日新月异的今天，裁员有利于企业进行优胜劣汰、吐故纳新，使企业组织充满活力。裁员正在成为一种常态。然而，创造就业机会是企业对社会做出的重要贡献之一，因此，裁员早已不再是企业自己的事。当企业的发展面临危机，企业是否选择裁员、如何裁员已经与其社会责任意识紧紧联系在了一起。

受大环境的影响，从 2018 年下半年开始，一波又一波企业"裁员"的消息接踵而至。从各大知名企业到各中小企业，从互联网行业、金融行业，到文娱行业、房地产行业，随处可见缩招或"裁员"的迹象。在"裁员"这一时代语境下，企业表态不进行裁员，并努力为社会提供更多就业机会，彰显了其勇气与责任担当意识，有利于提高企业在人才市场的知名度与美誉度。

企业的发展不是一步到位的，企业对人才的选用与淘汰更非一蹴而就。因此，企业必须要对裁员有更加理性的认识，要不断提升人才选用的质量，不盲目追求不裁员、零裁员，进而树立良好的雇主形象，促进企业估值的提升。

⊙ 做最佳雇主，成伟大企业

纵观全球，那些享誉世界的伟大企业无一不有着良好的雇主形象。它们对待裁员慎之又慎，认为企业是人才的聚集地，是人才发展的摇篮。例如，在战争、经济大萧条等危机面前，林肯电气公司的做法不是精简人员、压缩人力成本，而是向员工坦诚困难，与员工共克时艰。又如，2001年"911"事件后，西南航空做出了"不裁员、不减薪、依顾客要求无条件退款"三项重要决策，并保持了当年第四季度的盈利。

显而易见，当企业经营发展出现问题，选择裁员，将责任归咎于一部分人或许是最直接的解决问题的方法，却不是唯一的，或者最根本的解决方法。面对危机，将员工团结在一起，通过共同协作来创造更多价值，才是解决问题的重点。

然而，对于大部分企业而言，裁员仍旧是一件不可避免的事情。因此，企业要树立雇主品牌形象，就要做好裁员工作。无论企业出于何种原因进行裁员，都要保证合法，并努力做到合理、合情。作为企业的人力资源部门，一定要将企业与员工的利益都摆在重要的位置，多运用一些技巧，将对双方造成的损失降到最低。以下是企业在裁员时维护彼此利益可以借鉴的几种方法。

第一，数量上，尽可能减少裁员的次数。当一家企业频繁出现裁员现象时，往往也是企业发展出现问题之时。在这个时候，裁员措施一定要果断，不能犹豫不决。否则，时间拖得越久，员工的心理压力与波动也会越大，企业的运营成本也会增加，进而导致负面影响的扩大。

第二，幅度上，尽可能采取大批量裁员的方法。这是维护被裁员工的一种重要方法。当企业发展陷入窘境时，要在条件许可的情况下进行大批量裁员。这样既可以快速降低企业支出的工资费用，又可以维护被裁员工的利益。

第三，速度上，裁员的决定一旦作出，就要迅速执行。对于员工而言，无论被裁人员名单中是否有自己，都容易产生紧张与不安的情绪，进而影响到工作的积极性和工作效率，直接导致企业整体效益的降低。

第四，时机上，一个合适的裁员时机对企业和被裁员工双方都是有利的。例如，当一个职位不再适合企业的发展时，员工自知在这个职位上没有发展的希望，便会产生消极的情绪。企业在这个时候与员工解除劳动合同，对员工而言是一种解脱。

第五，态度上，以柔和、人性化的态度取代强硬、冷漠的态度。不要对被裁员工下"逐客令"，这极其容易引发被裁员工的抵触心理。企业应该给被裁员工留出一定的过渡时间，最好设立专门的部门，负责处理员工被裁过程中遇到的各种问题。

在这个企业与人才双向选择与互动的时代，企业要以谨慎的态度对待裁员，同时还要不断提升人才"选、用、育、留"的质量，筑牢人才发展的基石，塑造良好的雇主品牌形象。这是企业必须承担的社会责任，也是企业做大估值道路上的一把利剑，可以帮助企业披荆斩棘，更快前行。

第三节　管理有方，与社会为邻

置身于时代发展的浪潮之中，企业已经成为人类社会发展的中流砥柱。在新时代的背景下，为社会提供有价值的产品和服务，而非仅仅追逐利润，已不再只是企业领导者的选择，而是时代的要求，是企业必须承担的社会责任。

当然，与那些单纯用来获利的产品相比，能够帮助社会解决问题的产品发展潜力大，后劲足。它们往往拥有更加广阔的市场，也容易得到来自社会各界的认可和支持。因此，做一家对社会有益的企业，不仅能使企业获得更加长远的发展，而且能助力企业估值再登高峰。

⊙ 有益社会，不随波逐流

2015年，《财富》杂志开始评选"改变世界的企业"，并以此为契机，促进社会、环境的良性循环发展。该榜单的评估标准有四个：可衡量的社会影响、经营成果、创新程度、企业整合程度。其中，可衡量的社会影响指公司对一个或多个特定社会问题的影响范围、性质和持久性。

2019 年 8 月 20 日,《财富》杂志第五次发布"改变世界的公司"榜单。高通成为榜上第一名实至名归。比亚迪股份有限公司(以下简称"比亚迪")超过百度、阿里巴巴、苹果高居第三名,成为榜单中的"黑马"。作为唯一掌握三电核心技术的新能源汽车企业,比亚迪使人们的生活变得更加便利、更加节能、更加环保,彰显了巨大的社会价值。

环保是当代社会发展中存在的众多问题之一,也是亟待解决的最重要的问题之一。曾经,环保是一道是非题,现在,环保已然成为社会共识,"宁要绿水青山,不要金山银山""绿水青山就是金山银山"。

为了治理和改善环境污染现状,新《环境保护法》及时出台,并于 2015 年 1 月 1 日起开始实施。2016 年 1 月,中央环保督察行动在河北省开展试点。2018 年 1 月 1 日,环保税征收正式实施。2019 年,国家在环境保护与整治上的力度有增无减。

无论是积极响应国家的号召,还是为了自身的长远发展考虑,企业都必须肩负起保护环境的责任重担,自觉将保护环境融入自身的生产发展中,促进生态环境的健康发展。

诚然,在人类社会漫长的发展历史中,各种威胁社会发展与人类生存的问题一直存在。随着人类文明的发展,科学技术的不断进步,一些旧有的问题逐渐得到解决,一些新的问题又接踵而至。新时代,新气象,新要求。企业必须将社会的发展纳入到自身发展的战略之中,使两者完美地结合在一起。

⊙ 保护环境,嵌生态基因

当前,环境保护与应对气候变化已经被国家提到了更加突出的位置,经济发展也更加强调质量。以汽车产业为例,该行业作为国家支柱性的工业产业,有责任也有义务率先担当起提高经济发展质量、改善生态环境的重任。

随着现代科学技术的飞速发展，汽车逐渐走进了千家万户，人们在享受汽车在出行方面带来的快捷时，也不可避免地造成了环境的污染。

传统汽车以石油作为燃料，由此造成了对环境的污染。随着全球范围内汽车使用数量的不断增加，人类社会对石油的需求量越来越大，汽车尾气的排放量也越来越大。为避免能源危机的出现和环境污染的进一步恶化，汽车行业需要寻找新的出路。

东风汽车集团有限公司（以下简称"东风汽车"）是中国汽车行业骨干企业之一。作为中国的四大汽车集团之一，东风汽车公司自成立之日起就一直高度重视节能环保。该公司在"节能环保地造车，造节能环保的车"这一绿色发展理念的支持下，不断加强技术创新，逐步扎实推进公司的绿色可持续发展，为实现与社会、自然的和谐共处做出了不懈的努力。

在节能环保方面，东风汽车积极开展技术创新，推动汽车产业转型升级，大力发展新能源汽车。在新型再生能源的研究和利用方面，东风汽车采用再生能源，大力推行光伏发电，也取得了很好的成果。为了加快对工业废水的治理，东风汽车通过废物回收再生、资源综合利用等措施，减少了污染物排放量及能源的消耗。

此外，为积极响应国家政策，为环境保护出力，东风汽车首创"碳平衡"生态林。通过植树造林，东风汽车减轻了企业碳排放对环境造成的伤害，在创新减排的同时，为当地居民营造了优美、绿色的人居环境。2018年8月，东风汽车正式发布了"绿色2022计划"，再次彰显了其贯彻绿色发展理念的决心。这一计划主要包括三方面内容：绿色产品、绿色制造、资源循环利用。

前有老将领路，后有新兴车企紧紧跟随。威马汽车科技集团有限公司（以下简称"威马汽车"）是国内新兴的新能源汽车企业及出行方案提供商。

自 2015 年 1 月成立至今，在短短几年间里，威马汽车不仅成为智能电动汽车行业的佼佼者，顺利完成了 30 亿元的 C 轮融资，而且始终重视环保理念的落实。作为威马汽车旗下的热销车型，威马 EX5 具备了零污染、零排放的绿色属性，为用户创造了一种绿色智能的出行体验。

未来，企业一定是对环境形成保护而不是破坏。正如著名学者戴维斯所说："企业的每项活动、产品和服务，都必须在考虑经济效益的同时，考虑社会成本和效益。也就是说，企业的经营决策不能只建立在技术可行性和经济收益之上，还要考虑决策对社会的长期和短期的影响。"

对于企业而言，获得足够的利润来维持自身的发展是必须的，但是，唯利润至上绝对是错误的。那些在金钱利益等驱动下生产出来的产品，固然可以使企业一时获利，但是于社会发展而言，往往并没有多大益处。一个伟大的企业不仅要为社会提供好的产品和服务，而且要在此基础之上，让世界变得更加美好，做一家对社会有益的企业，为企业估值的提升添砖加瓦。

第四节　兼济天下，与公益同行

公益是企业承担社会责任的重要方式之一，体现了企业的大爱精神。如今，越来越多的初创企业积极投身公益活动。公益早已不再是"达者"的专属，"兼济天下"不分实力的大小。每一家企业都应将公益基因注入自己的命脉之中，使之成为企业发展不可分割的一部分，让公益生生不息，也使企业的价值得到延伸，为企业做大估值保驾护航。

⊙ 企业与公益，相辅相成

公益，即公共利益事业的简称。公益活动是一种服务社会而不求回报的活动。公益组织的成立、公益活动的举行都是为了建设一个共同的美好世界。由此可见，小到一个人、一个家庭，大到一个民族、一个国家，都与公益有着密不可分的关系。

作为现代社会的重要组成部分，企业在人类社会的发展中扮演着极其重要的角色。企业的生存与发展除了依靠自己的努力，还依赖社会，离不开社会各方的支持。因此，通过参与公益活动来回馈社会，是企业必须要做的一件事。

此外，正如著名经济学家吴敬琏所说："企业家懂得如何降低成本、提高效率、解决问题，同时把有限的力量放在最有效的地方，所以企业家开展非营利的公益与慈善社会活动，天生具有优势。"由此可见，企业是公益活动最重要的参与主体之一，在公益活动中有着举足轻重的地位。

当下，随着经济的飞速发展，中国已经跃升为世界第二大经济体，中国企业也已经踏入了全新的时代。然而，企业在助力经济发展的同时，也造成了诸如食品安全、生态、环境等一系列社会问题。一些企业在金钱利益的驱动下，毫无底线地把控着生产、运营等成本，将环境成本、安全成本等转嫁给普通员工、消费者甚至是人类赖以生存的地球。这样的企业无疑将会一一被社会淘汰。

相反，也有许多企业在保持自身发展的同时，努力为人民群众谋福祉，为社会的发展带来了积极的影响。它们用实际行动证明了商业与公益并非对立的矛盾体。唯有将造福于人类和世界纳入企业的使命，企业才能真正实现可持续发展，才能长久地立足于社会。

简而言之，企业积极参与公益事业，不仅有助于树立企业良好的社会形象，进而提高产品的曝光率，扩大市场份额，而且可以帮助企业建设良好的企业文化，在增强员工荣誉感和归属感的同时，吸引更多优秀的人才。那么，企业该如何做好公益，充分发挥自己的社会价值呢？

目前，企业做公益的发展形式主要有三种：战略性 CSR（corporate social responsibility，即企业社会责任）企业，如宜家家居；社会企业，如浙江绿康医养集团有限公司；B 型企业，如美国眼镜电商网站 Warby Parker。这三种形式使企业的社会价值与财务价值在不同程度上实现了融合，对其他企业参与公益活动有重要的借鉴意义。

时代在不断向前发展，对企业在公益方面的要求也在不断改变。在新时代的背景下，企业与公益之间的关系不是泾渭分明，有着不可逾越的"楚河汉界"，而是相辅相成，缺一不可。公益与商业的完美结合，是未来商业发展的方向，亦是未来世界发展的方向。

⊙ 公益所指，企业必至

在2018XIN公益大会上，马云表示："公益是治疗我们这个地球、治疗我们自己最好的良药，公益是最好的治愈剂。"公益的重要性不言而喻。但是，公益内容庞杂，覆盖范围广，涉及社会生活的方方面面。做公益不是"杀鸡取卵"，因此，企业要想充分发挥自己在公益事业中的作用，就必须选择与自身发展战略相符合的公益内容和方向。凡是公益所指之处，企业必将全力以赴。

近年来，随着国家扶贫力度的不断加大，越来越多的企业也纷纷响应，陆续加入到扶贫行列当中，力争为构建和谐社会贡献自己的一份力量。一系列的扶贫新模式也相继开启，如流量扶贫（北京快手科技有限公司）、社交扶贫（新浪微博联合碧桂园）、"互联网＋精准扶贫"（中国移动）等。

京东数字科技控股有限公司（以下简称"京东数字科技"），前身为北京京东金融科技控股有限公司。2018年，京东数字科技完成B轮融资，估值超过了1300亿元。高估值的背后离不开公益的加持。京东数字科技充分发挥自身的优势，将众筹理念引入扶贫，以众筹扶贫新模式助力精准脱贫，并取得了较好的成果。

所谓众筹扶贫模式，即在确定扶贫项目之后，于众筹平台上上线项目中的农产品。在这种方式下，走向"台前"将不再是边远地区农副产品遥不可及的梦，农副产品生产成本在得到有效降低的同时，也提高了贫困农户的收入，进而助力贫困农户走上脱贫致富的道路。

位于我国云南省西南部的西盟县是天然的"蜜库"。然而，由于养蜂基地分散、技术能力不高等原因，当地蜂蜜的产量和质量一直保持在较低的水平。针对当地农户养蜂难的问题，京东数字科技通过旗下品牌京东金融发起了西盟县众筹扶贫项目。

对此，京东数字科技副总裁许凌表示："只提供渠道或产品的电商扶贫模式，对扶贫、脱贫具有滞后效应。从播种到丰收，农产品的生产具有一定的周期性，通过众筹新模式帮助农户，使农产品的生产周期和众筹周期达到完美匹配，农产品的生产更加精准高效，农户的生产效率和收入都将得到大幅提高。"

除了西盟县野生蜂蜜扶贫案例，河南信阳的"毛尖"茶叶、新疆喀什阿瓦提乡的"百年枣树"等案例，都实实在在帮助了当地的贫困农户，有效激发了其脱贫的内生动力。未来，京东数字科技将在公益扶贫初心的指引下，继续探索精准扶贫创新形式，以帮助贫困群体早日有尊严地摆脱贫困，迎来更加美好的生活。

公益是每一个人的事业，企业尤其应该成为公益的中坚力量。在漫长的发展之路上，企业必须坚守公益，从点滴开始，从当下开始，让公益成为企业的一种态度、一种习惯，并不断影响更多企业参与其中。这既是对中华民族传统美德的传承与弘扬，也是反哺社会的一种方式。在这个过程中，企业存在的社会意义将得到彰显，也能获得资本更多的认可，从而提升估值，走向辉煌。